ここ

食卓から始まる生教育

はじめに

内田美智子先生と初めて出会ったのは、ある食育の勉強会である。

「助産師がなぜ食育？」

誰もが思うように、私も疑問に思った。

それから一カ月もしないうちに内田先生の講演を聞く機会に恵まれた。

初めて内田先生の講演を聴き、涙が止まらなかった。お涙ポロリどころではなく、ほぼ号泣である。しかも二時間のうちに四度も。一緒に講演を聴きに行った妻とハンカチを奪い合った。

講演がはじまって三十分もしないうちに、参加者の大半の手にはハンカチが握られている。

内容はもちろん感動的。

しかし、それ以上に話に力がこもっていて、迫力がある。熱意が伝わってくる。

講演の帰途、妻と「先生は、悲しんでいるし、憂いているし、本気で怒っているんだよねぇ」

と振り返った。

内田先生は確かに怒っている。そして、その怒りの対象は大人だ。

「今、子どもたちの世界でいろいろな問題が起きていますが、これは子どもたちの問題ではなく大人社会の問題です。子どもたちには一点の非もありません。大人の言葉、姿勢、態度、仕草に囲まれて育っています。子どもたちは育てられたように育っているだけです」

「大人がおかしいと思う。子どもは犠牲者です」

ただ、その時は、怒りの本源がどこにあるのか、よく分からなかった。

ある日、内田先生は、「なぜそこまでやれるんですか。結果がすぐに見えないでしょう。空しくなることもあるでしょう」と問われたという。

私もよく講演の機会を頂くが、講演を続けていくと疲れるし、自らの話に飽きる。

内田先生は年間百回以上、しかもそれを何年も続けている。疲れることはないのだろうか。

自らの話に飽きることはないのだろうか。あの熱意と迫力を維持できるのは、なぜだろうか。

福岡県行橋市の内田産婦人科医院を訪れて、ようやくその意味が分かった。

到着してすぐ、「赤ちゃん見ますか？」と新生児室の前に案内された。生後五日の赤ちゃんが二人。ピカピカのピュアピュアである。

釘付けになる。そのときにようやく理解できた。

普通、お産というものは、女性にとって一生に一度か二度の体験である。しかし、産婦人科の場合、そのお産が毎日ある。二十七年で二千五百人近くの赤ちゃんを取り上げたというから、普通の人が体験する何千倍もの喜びと感動の瞬間がそこにある。

そうして誕生した赤ちゃんと毎日向き合っている。

当然、その子たちの未来を奪うことに対する、悲しみも、憂いも、危機感も、その子たちの未来を奪うものに対する怒りも、毎日、更新されていくわけだ。

生まれたての赤ちゃんを前にして「社会が変わらないから、頑張らないことにしたの」「疲れたからもうやめるの」「空しくなるからもうしないの」なんてとても言えない。

私だって、生まれたての赤ちゃんを前にすれば「君たちが大人になるころには、もっと住みやすくて優しい社会をつくっとるけんね。自然も生きものも、ちゃんと残してあげるけんね。おっちゃんがんばるよ〜！」って思ってしまうのだ。

しかし、それから何度か内田先生の話を聞いて再び気がついた。

「毎日、ピカピカでピュアピュアの赤ちゃんと向き合っているから、怒りを更新できている」だけではない。産婦人科という空間は、生にもあふれているが、死の瞬間もある。

流産。死産。

期待と喜びに胸を膨らませる家族。突きつけられる現実。それらを目の前にして、内田先生はどんな表情をしているのだろう。

そして中絶。

内田先生は、どんな表情をしているのだろう。とても想像の及ぶ範囲ではない。

内田先生は、普通の人が体験する何千倍もの喜びと感動の瞬間に立ち会っている一方で、普通の人が絶対に経験することのない悲しみの瞬間を何度も受け止めている。

「そこにいることがすごいことなんだよ」

頭では分かる。しかし、心からそう思えているかというと、私は自信を持って答えられない。

「そこにいることがすごいことなんだよ」

それを心から思う、叫びたいほど思えるのは、内田先生がそうした瞬間を何度も受け止めてきたからだろう。

助産師が食育。その理由がよく分かった。

それまで、私も九州大学農学部の教員として食育に携わってきた。大学生を対象にした食の勉強会を実施したり、みんなでお弁当を作ってきて食べようという「大学生の弁当の日」を企画してきた。基本スタンスは、「難しい理念は抜きにして、みんなで食を楽しもう」。

その考え方は間違ってないし、食を楽しむことは絶対に重要である。

しかし、内田先生が、食にたどり着いた経緯、背景、食に託した願いを知ったとき、自分の浅さ、軽さを恥ずかしく感じるほどだった。

そこで、内田先生の話を一人でも多くの人に伝えたいと思い、本を書こうと思い立った。

この本は、内田先生が、ニュースレター『ひまわりばたけ』(瓢鰻亭)に連載してきた「私の生教育パートⅡ」が基になっている。それに、私が、内田先生の講演を聞き、直接インタビューを行い、構成を練り執筆した。

内田先生の講演は、小中高生、大学生、教職員、保護者などさまざまな層を対象にしている。それゆえ、この本には、子どもへ、親へ、学校関係者へ、あらゆるメッセージが込められている。

第一章は、助産師として生と死を見つめてきた内田先生の基本哲学が詰まっている。第二章は、十五年以上、性教育に携わってきた体験談。第三章は、乳児期の子育て論。第四章は、幼児期以降の子育て論。第五章は、家事の力、特に食べることの大切さを指摘し、食育の取り組みとして全国に広がりつつある「弁当の日」を紹介。第六章は、自身の子育てを振り返りながら家族の絆について書かれている。

内田先生は言う。「最近、『性』を離れて『食』をテーマにした講演会に呼んでいただくことが多くなりました。食の専門家でない私が、食について何が話せるかというと、とても難しい。学校栄養職員の研修会に呼ばれたりすると、帰りたくなります」

一方、私は、環境経済学や農業経済学が専門で、性教育や子育ての本なんて読んだことさえなかった。

そんな専門家でない私たちがこうした本を出版することにためらいもあったが、内田先生の著書を望む多くの声に後押しされ、執筆を決意した。この本が、この世に送り出されることで、一人でも多くの子どもたちがお母さんに抱きしめられるようになれば。そう考え、出版を決意した。

この本にはそうした思いが込められている。

この本を手に取った皆様が、子どもを抱きしめたくなることを願って。父さん、母さんに会いたくなることを願って。

佐藤　剛史

目次

contents

第一章

生を見つめて

内田美智子

性から生へ、生から食へ

助産師になって二十八年。これまで、二千五百人もの赤ちゃんを取り上げてきました。

赤ちゃんを産んだばかりの母親は、疲れ果てています。母親の呼吸が整い、落ち着いてから、その胸に産まれたばかりの赤ちゃんを抱かせます。

母親は赤ちゃんの顔をじっと見つめ、涙を流します。

あたたかな、あたたかな涙です。

しかし、産婦人科は、そんなあたたかい涙や感動的なエピソードだけがあふれているわけではありません。冷たい、悲しい涙もあります。

産婦人科には中高生もやってきます。そんな中高生の多くは、すでに性のトラブルを抱えています。若者の間では性感染症が急増しています。十代の出産も、レイプの被害もあります。

「そんなの、都会だけの話」と思うかもしれませんが、残念なことに、どこも傾向は変わりません。

そんな子どもたちを何とか救いたいと思い、私は、一九九〇年頃から学校に出かけ、思春期の子どもたちを対象に性教育を始めました。そうして分かったのは、コンドームの使い方が分かっていても、そのときに使えるとは限らないということです。性感染症の知識を持っていても、その予防ができるとは限らないということです。

セックスだけが目的のひどい彼でも、彼女に他のどこにも居場所がなければ、彼の部屋に入り浸るのです。そうして中絶の繰り返し。また、「子どもを産めば彼を引き留められる」と信じて出産を選択するケースもあります。

幼い子どもたちが性行動を起こすには理由があります。

こんな思春期の子どもたちと十年以上かかわり、「食」にたどり着きました。食卓の豊かさが、子どもたちをはぐくんでいることに気がつきました。子どもたちの「性」と「生」と「食」のつながりが見え始めました。

ちゃんと食べさせられていない子どもがいること。

給食が唯一のまともな食事だったり、給食があるから学校に行くという子どもがいること。


そんな子どもがどう育つのかということ。

家庭の食卓が子どもの身体と心を育てること。

食べることをどうでもいいと思っている子どもは、生きることもどうでもいいと思っていること。

食の行動が、そのまま子どもたちの生き方につながっていること。

親の子どもの頃の食行動が子育てに直結し、連鎖していくこと。


性を大切にしようと思えば、生が大切になります。性教育は生教育です。

生を大切にすれば食が大切になります。生きることは食べること、食べることは生きることです。

「性」と「生」と「食」は、つながっていたのです。

私はあなたを愛するために生まれてきました

「一度目は残念なことに産声を聞くことができませんでした。今回は元気な産声を聞いて涙があふれてきました。生まれてきてくれてありがとう。母さんのところにきてくれてありがとう」

「痛いけど辛くない。不安だけど幸せ。陣痛のとき思いました。身体は小さくても、存在は大きい天使が生まれたことは、『産んでいる』というより『産まれてきてくれている』と感じるお産でした」

「想像を絶する痛みの中で『二人目はもういいや』と思いましたが、赤ちゃんが出てきた瞬間は感無量でした。女性に生まれてよかったと思いました。母になれてよかった！」

「この子は私たちの宝ものです」

「痛くて苦しかったけど、なんだか面白かった。自分も動物の一種なんだ、自然ってすごい、としみじみ思いました。とても素敵な出来事でした」

「おなかの中に爆弾を仕掛けられた感じ。破裂して腰から下が砕け散った！ 仕掛けたのは神様で、散ってバラバラに壊れたのは『自分が一番大切』という勝手な思い。自分より大切な存在に出会いました」


これは、お産をして退院していく、お母さんになったばかりの女性が、「お産の感想は？」というアンケートに書き残していったものです。

中には妊娠が分かって、中絶しようかな、と考えたお母さんもいます。出産する前日まで、悩んだお母さんもいます。出産の翌日に、施設に預けようと考えるお母さんもいます。

しかし、分娩室で産んだ瞬間に後悔するお母さんはいません。どんなに辛くても後悔はしません。産んだことを誇りに思います。お母さんの出産の感想は皆同じです。

『私はあなたを愛するために生まれてきました』

これは英国のロックバンド「クイーン」の曲のタイトルです（英題は"I WAS BORN TO LOVE YOU"）。分娩室でわが子を抱いた母親たちは、「私はこの子を産むために生まれてきたのかもしれない。この子のためなら何でもできる」。そう思うのです。

学校での講演では、必ず子どもたちに言います。

私もあなたたちも皆、こうやって生まれてきました。

あなたたちのお母さんも、皆、こうやってあなたたちを産みました。

この曲名のような思いでいるのが、みんなのお母さんなんです。

そこにいるだけでいいんだよ

「もうちょっと背が高かったらよかったのに」「もうちょっと目が大きかったらよかったのに」「〇〇ちゃんのような鼻がよかったのに」「もう少し頭がいい子に産んでくれたらよかったのに」。子どもたちが思っていることです。

中には、「死にたいなぁ」「僕はなぜここにいるんだろう」「母さんはなぜ僕を産んだんだろう」「産んでなんか頼んだ覚えはないのに」と考えている子もいます。

中高生という思春期の出口にいる子どもたちは、人のことがよく見えたり、自分をつまらない人間のように思いがちです。とかく自分を否定しがちです。

私が講演で、「『生』の反対は何でしょうか?」と問うと、多くの人は「死」と答えます。私も、最初にこう問われたときは「死」としか思いつきませんでした。

しかし、私が尊敬するある先生はこう言いました。

「僕は死じゃないと思う。『生まれないこと』だよ。生まれたものにしか『生』

も『死』も存在しない」

三十年近く助産師をしてきた私には、この答えが、心の真ん中にストーンと落ちてきました。

生の反対は、生まれないこと。

実際、生まれてくることができない子はたくさんいます。数時間しか生きていられない子もたくさん見てきました。

こんな命と向き合う仕事を続けて思うことは、「人はそこにいるだけで価値がある」ということです。人が一人、人として生まれてくるために、どんなに多くの困難を乗り越えなければならないことか。

生まれてきて、この瞬間に、ここにいることのすごさを知ってほしいと思います。生きていくのに理由はいりません。一人一人が奇跡のような命です。

思春期の子どもに必要なのは「今の自分でOK」という自己肯定感です。大事なときに自己判断がきちんとできるのは、「生まれてきてよかった」と思える子どもたちです。そして「誰かに愛されている」と実感できる子どもたちなのです。

悩んだり、迷ったり、自分を否定したくなったときは「ここにいること自体がすごいことなんだ」と考えてほしいと思います。

どの子にも、生まれてきたことのすごさを知ってほしい。人はそこにいるだけで価値があることを分かってほしい。

思春期の子どもたちの悩みや声を聞いていると、心から「あんたたち、そこにいるだけでいいいんだよ」と叫びたくなります。

無限の可能性をもつ子どもたち

生まれたばかりの赤ちゃんと毎日向き合って思うことは、この子たちは、無限の可能性を秘めていることです。小さくてもエネルギーが満ちあふれたその姿からは、「この子は将来シンナーを吸う、リストカットをする、性的な問題行動を起こす」なんてとても考えられません。そんな未来が決まっているはずがありません。

赤ちゃんには未来があります。それが原点です。

しかし、その命には、生まれたときにただ一つだけ決まっていることがあります。それは、いつか必ず死ぬということです。しかし、裏を返せば、死ぬこと以外何も決まっていません。

人生が決まっている人なんて誰もいません。

年を重ね、振り返ってみれば、「あーしろ、こーしろ、こうせないけんばい」は確かにあります。しかし、それを実際にやったのは自分で、それを選択したのは自分です。

子どもたちには、広い選択肢と可能性があります。こんな人生しかない、なんて決めつけないでほしい。

そんな思いを込めて、私は、子どもたちへの授業でこんなメッセージを贈っています。

あなたたちは、自由というすばらしい財産を持っています。
誰を好きになってもいいです。
好きな人と結婚もできますし、しなくてもいい。
どんな職業に就くこともできます。
いくらでも勉強できるし
行きたいところに自由に行けます。
やる気さえあればどんなことだってできます。
NO！と言うこともできます。
YES！という選択もできます。
そんな自由を放棄しないで。

一切の自由を奪われた人たちがたくさんいます。

好きな人とさえ結婚できない少女はたくさんいます。
後悔しない、思い通りの生き方を選択してください。
あなたたちは「選ぶことができること」を忘れないで。

今できること。
今しかできないこと。
今しなければならないこと。
自分でつかみとろう。私の人生。
どんな人生も私の人生。
人のせいにしない人生。
たしかなこと。
今、私がここにいること。

歩いていける道が目の前にあること。

それはどこへでも、どこまでも。

けっして一本道ではない道です。

命が大切ではなく、あなたが大切

「この一年で何が変わりましたか?」

こう問われても、自らの明確な変化や成長を自覚できる大人は少ないでしょう。私なら、シミがひとつ増えたか、シワが二本増えたかくらいです。そして、自分でも気づかないうちに鈍感になっていきます。

でも、子どもたちは違います。この一年が大きい。一日、その一瞬さえ、ものすごく重要です。そして、子どもたちは敏感すぎるほど敏感です。子どもは、親に、そして周りの大人たちに愛されたいと願っています。だから、子どもは親、大人たちの表情、態度をずっと見ています。子どもは周りの大人にいつも気を遣いながら生きています。

だから、子どもたちはちょっとした大人の言葉や態度ですごく傷つきます。ほんの一瞬の何気ない言葉です。

逆に、子どもたちはちょっとした大人の態度やふるまいでとても元気になれます。ほんの一瞬の何気ない態度です。意識や思い、まなざしが、態度、ちょっとしたふるまい、しぐさとなって、子どもたちへ伝わっていくはずです。

死なないで。
いじめないで。
自分を大切にしよう。
命を大切にしよう。

人に優しくしよう。

こうしたメッセージは、言葉では伝わりません。

だってそうでしょう。口では「自分を大切にしよう」と言われても、食卓に冷凍食品を並べられれば、自分は大切にされてないって気づきます。口では「命を大切にしよう」と言われても、目の前でタバコを吸われれば、自分の命は大切にされてないって気づきます。毎日、お店で作られた出来合い弁当などを与えられてもそう。どんな子どもでも分かってしまいます。

大切なのは、命が大事なのではなく、あなたが大事だということ。

そのメッセージが、態度、ちょっとした振る舞いや仕草となって伝わっていくのです。日々の暮らしの中にしか答えはないのです。

講演後に頂いた感想文の中で、特に印象に残ったものを紹介します。

「今、自殺をしようと思っている人たちみんなが、内田先生の話を聞けたらいいと思います」（中三女子）

「今まで一度も感想文を書いたことがない子どもが講演のあと、初めて感想文を書きました。それも『自分の事』を書きました。嬉しかったです」（中学校教師）

これまでたくさんのところへ出かけ、たくさんの方々と出会ってきました。小学校から大学までさまざまな学校の先生、保護者、地域の皆さん、本当にたくさんの方々です。その大人たちのすべてが、子どもたちのことを真剣に考えていますす。子どもたちのために、今、自分たちに何ができるか、何をしなければならないのか、本気で考えています。

そんな思いは、子どもたちへ確実に伝わっていくはずです。敏感な子どもたちは、確実に受け取っているはずです。そして、子どもたちは、一日、一年で、確実に変化していきます。

生ましめんかな

「生ましめんかな」という詩をご存知でしょうか。テレビで女優の吉永小百合さんが朗読されているのを聞き、一瞬、時が止まりました。

生ましめんかな
――原子爆弾秘話――

栗原　貞子

こわれたビルデングの地下室の夜であった。
原子爆弾の負傷者達は
ローソク一本ない暗い地下室を
うずめていっぱいだった。
生ぐさい血の臭い、死臭、汗くさい人いきれ、うめき声。

その中から不思議な声がきこえて来た。
「赤ん坊が生まれる」と云うのだ。
この地獄の底のような地下室で今、若い女が
産気づいているのだ。
マッチ一本ないくらがりでどうしたらいいのだろう。
人々は自分の痛みを忘れて気づかった。
と、「私が産婆です。私が生ませましょう」と云ったのは
さっきまでうめいていた重傷者だ。
かくてくらがりの地獄の底で新しい生命は生まれた。
かくてあかつきを待たず産婆は血まみれのまま死んだ。
生ましめんかな
生ましめんかな
己が命捨つとも

『日本現代詩文庫17―栗原貞子詩集―』(土曜美術社出版販売)より

なぜそうなのか、どうしてなのか、その訳は思い出せませんが、私は、中学生の時に「産婆さんになりたい」と思いました。産婆さんとは現在の助産師です。その当時は、助産婦といい、でもなぜか故郷の田舎では、産婆さんと呼ばれていました。

それから今日まで来ました。

夜中に出産が始まれば、飛び起きて、病院に行かなければならないという話をすると、「大変ですね」なんて言われますが、夜中に起きることなんかどうってことありません。

「一番大変だったは何ですか?」と聞かれることもあります。一番大変だったこと、これがその場でスッと言えたら、私はこの助産師という職業を続けていないと思います。

確かに大変なことはあります。しかし、それに代え難いものがあります。大変なことを乗り越えられる何かがあります。

新しい命は希望の光です。

しかし、この新しい命はいつもキラキラ輝いて生まれてくるとは限りません。胎児は母親の胎内で十カ月過ごし、生まれ出ずる日を決めてこの世界に誕生します。

あるお母さんの話です。

十カ月目に入り、今日にも明日にもと、生まれる日を待っていたお母さんは、胎動がないことに気がつきました。

「おかしい…いつもと違う」

母の勘は的中していました。胎児は母の胎内ですでに輝きを失っていました。亡くなった胎児でも母親は産まなければなりません。

私たち助産師は陣痛に苦しむ母親に「頑張ろうね。もうすぐ元気な赤ちゃんに会えるよ」と言って励まします。死んだ子を出産する母親には、なんと言って励ませばいいのでしょう。

分娩室で付き添った一人の若い看護師は、何も声をかけることができず、ただただ手を握っているだけでした。それしかできないこともあるのです。言葉が出ないのです。

その母親はご褒美のない陣痛に耐え、輝くことのない胎児を出産しました。産声の上がらない分娩室で、母親の泣き声だけが悲しく響きます。この泣かない子を母は泣きながら抱きしめます。いつまでもいつまでもただ抱きしめるだけです。もうそれしかできないのです。それ以上の事はできないのです。

ところが、その母親は、「その夜一晩抱いて寝たい」と希望しました。その希望に沿い、母親と胎児を部屋で一緒に過ごさせました。

夜中に看護師が見回りに行くと、母親はベッドの上に座り、子どもを抱いていました。「大丈夫ですか」と声をかけると、その母は「今ね、お乳をあげていたんですよ～」と言いました。

看護師は一瞬驚きましたが、黙ってしばらく様子を見ていると、母親は一滴二滴と滲んでくる乳を指にとり、赤ん坊の口元に運んでいました。

どんなにそのお乳を飲ませたかったでしょう。どんなに授乳する日を夢見たことでしょう。

泣かない赤子を抱えてもなお、母は母であり続けるのです。

何千年の時を経ても母は母であり続けるのです。

母はすごいです。

生まれてくる赤ちゃんもすごいです。

うれしいことも悲しいこともありますが、そんな場に携われることが幸せです。

助産師。よくぞこの職業があったと感謝しています。

私はこの仕事を天職だと思っています。

第二章

セックスと若者

内田美智子

子どもたちの性の現実、その理由

「センセー、小学生とセックスするときもコンドーム使わんといけんの?」

中学生が私に本気で聞いてきます。

中学生の妊娠、高校生の中絶、お母さんになりたいという十五歳。彼の部屋に入り浸る女子高生。

性の乱れが若年化しています。

ある産婦人科医の話です。「十年前は十代の中絶数は年間九十人ほどでした。それが二〇〇二年には二百例を超えるようになりました。それを、十五歳から十九歳までの一歳刻みで見ると、十六歳の上がり方がすさまじく、一九九二年から二〇〇二年の間に、十六歳の中絶数は二十倍にも増えました。ちなみに十五歳は五倍、十七歳は三倍、十八歳が二倍、十九歳が一・五倍」。

さらに深刻なのは性感染症の急増です。これまでの細菌性の梅毒や淋病だけでなく、クラミジア、肝炎、エイズなどウイルス性の病気が増えています。すぐに治る病気もありますが、肝炎、エイズは一生引き受けて生きていかねばなりません。

一人の男子高生をめぐり、同じクラスの女の子が芋づる式に治療に来た産婦人科もあります。

少女売春。いわゆる援助交際です。この援助交際が増加しています。一九九九年の「国民性行動調査」では、売春に関わる人の割合は、高年齢世代と比較して、若い世代ほど高いという事実が明らかになっています。

一九九六年に東京都が都内の中高生五千五百人を対象にしたアンケート調査（有効回答は千二百九十一）によれば、女子高生の四・四％、女子中学生の三・八％が援助交際を経験しています。

財団法人「女性のためのアジア平和国民基金」が一九九七年に首都圏の女子高生九百六十人を対象に実施したアンケート調査によれば、女子高生の五％が援助交際を経験したといいます。

こうした結果をもとに考えれば、一クラスで一人か二人は、そして全国では十七万人以上の女子中高生が援助交際をしているという計算になります。

統計調査から約十年が経ち、事態はさらに悪化している可能性があります。

援助交際する彼女たちは、単にお金が欲しいからという理由で、援助交際を繰り返しているだけではありません。

あるテレビでの女子高生の発言です。

「私、中年のおじさんとモーテルにいくけど、セックスはしないよ。中年のおじさんがベッドで抱きしめてくれる。それがすっごく気持ちがいい。私は抱かれるのがとっても好きなだけ。だから中年のおじさんとモーテルに行って、おじさんの膝の上で、一時間ぐらい抱かれながら眠っている。それが私の一番幸せな時間。ああ気持ちよかったって目が覚めたらお金をくれる。それで帰ってくるの」。

新水巻病院の白川嘉継先生（周産期センター、センター長）は、援助交際を繰り返す女子の心理を、母親を求めようとする気持ちと母親に復讐しようとする気持ちが同居していると説明しています。小さな頃に親に抱きしめられたかったのに、抱きしめられなかった子どもが、思春期になって抱きしめられることを求めているのです。

こうした問題行動を起こす子どもたち。でも、子どもにとっては問題でも何でもありません。問題だと思っているのは大人です。子どもは必死に訴えているだけです。「お母さん、こっちを見て。お母さん、抱きしめて」って。子どもたちは生きるのに必死です。必死だからメッセージを送り続けるしかありません。

こうした子どもに、「望ましい性行動をとる」とか「性感染症の罹患率を下げる」「人工妊娠中絶率を下げる」「ちゃんと避妊が実行できる」などを目的とした、これまでの性教育を行っても、問題は解決できません。

大事なときに自己判断がきちんとできるのは、「生まれてきてよかった」と思える子どもたちです。そして「誰かに愛されている」と実感できる子どもたちなのです。

そしてそれらは、日々の暮らしの中でしか実感できません。

本当に助けが必要な子どもたちに

長期休暇の前に、よく学校に講演に呼ばれます。「休みの間に大変なことにならないように話をしてください」と先生から講演の依頼を受けるのです。とりわけ夏休み前の三週間は毎日どこかの学校の体育館にいます。

暑い蒸し風呂のような夏の体育館。一回の講演で、一キロくらい体重が落ちます。それでも、つい話に力が入ってしまいます。

暑さでボーッとなる生徒もいるでしょう。しかし、涙を流して話を聞いてくれる生徒もいます。

講演後、感極まってお礼の言葉が出なくなる生徒。それをじっと待ってあげ、拍手で励ます先生や生徒。子どもたちのことを思い、涙で言葉が続かない司会の先生。そんな姿を見ていると、学校にお伺いして本当によかったと思います。そんな先生方の姿は、言葉で伝えられない何かを子どもたちに伝えることができるはずです。

ただ、「休みの間に大変なことにならないように話をしてください」という発想は短絡的ではないでしょうか。大変なことになる可能性のある子どもたちは、一時間やそこら、体育館で私の話を聞いても、先生方が期待するような変化はないと思います。変わらないし、変われないのです。

「私は生まれてから今まで一度もお母さんの子どもでよかったと思ったことはありませんでした。生教育で先生が一生懸命話してくれたのは心に響いたけど、自分の気持ちを変えることはできませんでした」

ある生徒の感想です。私にできることはここまでです。

今、彼女に彼氏ができたら、彼女は彼氏の部屋に入り浸るようになるでしょう。たとえ相手がセックスだけを求めるような彼氏であってもです。唯一、気持ちよくなれる場所と時間を提供してくれる人が現れたのです。この子にとって、唯一安らげる場所になります。

この子たちが本当に変わることができるとしたら、それは一対一での、きめ細やかな個別指導でしょう。それが、夏休みに危険な行為に及ぶ可能性のある子どもたちを変えます。それが、あの子たちを救います。そして、それは外部講師としての私にはできないことです。

もっと端的に言えば、性行動を既に起こしてしまった子どもの性行動は、一時間やそこらの私の話では変わりません。

もし、私が一日中保健室にいることができれば、何らかのお役に立てるような気がします。しかし、一対一でのきめ細やかな個別指導は、これまで先生方がやってこられたことです。なかでも養護教諭の先生方の真骨頂でしょう。

「俺、もうだめかもしれん」

複雑な家庭事情に耐えきれず、自殺を考えた十八歳の男子が夜中に助けを求めた相手は養護教諭でした。

何時間も話すうち、「俺、ゆっくり飯食いてぇ」。

先生の用意したカツ丼を泣きながら食べました。

食べ終わると「もう一回頑張ってみるわ」と白む明け方、帰って行きました。

西日本工業大学の米光眞由美先生。川崎中学校の松崎美枝先生。ここでは、そのエピソードを多く紹介することはできませんが、私が知っているだけでも多くの生徒たちがその先生方に救われてきました。この二人の先生だけではありません。本気で向き合ってくれる先生には、子どもたちは助けを求め、そして救われていきます。

是非、子どもたちのことを思い、自信を持ってそれを続けていただきたいと思います。

集団指導の限界

学校から講演依頼を受ける際、ありがたいことに、よくこんな言葉を頂きます。

「内田先生の話は、一学年だけに聞かせるのはもったいない。より多くの生徒に話を聞かせたいので、全校生徒に…」

では、どんな話をしましょうかと尋ねると、「性交、性感染症の予防、妊娠、避妊、中絶の話をしてください」とのこと。

でも、そんなデリケートな話を全校生徒にまとめて行うのは難しい。そこで、お願いして、例えば一時間目は中一、二時間目は中二、三時間目は中三という具合に別々にしてもらうこともあります。

当日。学年によって、細かな点や言葉遣い、声掛けは異なりますが、話の大筋はそう変わりません。講演を聞いた学校の先生は、「やっぱり、全校まとめてでもよかったのではないですか?」。

「…」

子どもたちの発達の差は、学年や年齢を超えて存在します。

六年生だから、中学三年生だからと、十把《じっぱ》一絡《ひとから》げにできない個人差があります。特に、性に関しては、その差も大きく、とてもプライベートな問題です。

「児童生徒の性　東京都幼・小・中・高・心障学級・養護学校の性意識・性行動に関する調査報告」によれば、女子生徒の八〇％が、中学一年までに初経を迎えていますが、言い換えれば、残り二〇％はまだだということです。また、同調査によれば、中学一年の男子生徒の五・二％、女子生徒の一・三％が性交経験があります。

同じ学年でも、それだけの差があるのです。

私は、講演をしながら、聞く側の雰囲気の差を感じます。一学年だけで話を聞く場合と、別の学年と一緒に話を聞く場合とでは、その雰囲気が全く違うのです。

知らないことを恥ずかしいと思ってしまったり、だから「知ったかぶり」をしたりします。恥ずかしいから、冷やかしたり、茶化したりします。茶化されたほうは、それで恥ずかしくなります。別の学年が同じ空間にいればなおさらではないでしょうか。

思春期を過ごしてきた大人なら、そうした気持ちはよく分かるはずです。学年の問題ではなく、男女の問題もあります。

以前、月経教育は、女子のみを集めてひっそりと行われていました。男子は立ち入ることのできない時間と場所がありました。

いつの頃からか、月経の話、精通の話、自慰行為の話が、男女一緒にされるようになりました。そして、男女の身体の作りや働きの違いの話が一緒にされ、性交の話も加わりました。

これらは本当に、男女一緒に聞いたほうがいい話でしょうか。

繊細な時期です。異性がいる空間の中で、お互いの二次性徴を迎えた身体の作りや生理的な話を聞くことに耐えられない子どもはいないでしょうか。両隣に男子がいる中で、月経の話を聞くことに耐えられない女子もきっといるはずです。

これまでの性教育は、性の被害者になりうる女子に重きをおいて行われてきました。そんな性教育が男女一緒になされることで、性や異性に対する嫌悪感を持つ子どもはいないでしょうか。

一時間の講演の間、ずっとうつむいたままの子どもを、このまま無視して話を続けていいのだろうかと、いつも不安になります。

男子も女子の身体のことについて知らなければなりませんし、女子も男子の身体のことについて知らなければなりません。大切なのは、「男性にも女性にも等しく性教育を」という考え方のはずです。そのことと、一緒に話を聞くこととは全く別の問題です。一緒に聞いた方がいい、聞いても大丈夫というテーマもあるでしょうし、別々の方がより効果的なこともあるでしょう。柔軟性を持って子どもに向き合ってほしいと思います。

私は、中学校、高校に伺った際には、講演後、時間の許す限り学校に残り、個別相談を受けてきました。これまで、一校平均で四〜五件の相談を受けました。

ワイワイ、ガヤガヤ、皆でおしゃべりという場合もありますし、個別でなければ相談できないような深刻な内容もありました。私一人で解決でないような問題の場合は、養護教諭の先生と一緒に考えたり、他の専門職の先生を紹介したり、病院に来てもらったりもしました。

性の問題は、それほどプライベートで、デリケートな問題です。集団指導、一緒に聞くことのメリット、限界を十分に考えるべきだと思います。

小集団指導の可能性

小集団指導という方法があります。ある先生は、男女を分け、男子には男性の先生が、女子には女性の先生がそれぞれ話をする試みを行っています。ある高校では、男子生徒に男性の泌尿器科医が、女子生徒には女性の産婦人科医が話をするという試みを行っています。

子どもや生徒にはとても好評だそうです。目的によっては、そのほうがずっと効果的です。同性の専門家に相談できる、あるいは同性の先輩としての話を聞くって、とても大切なことかもしれません。

男女別という分け方。クラス単位や学年単位より、より現実的な分け方のひとつだと思います。

カフェテリア方式という試みもあります。性教育学者、福岡県立大学看護学部教授の松浦賢長先生が名付けられました。おしゃれな名前ですが、性教育の指導方法です。

そのやり方はこうです。

クラスの壁を取り払って、いくつかのテーマを設定し、子どもたちは聞きたいテーマを選択します。つまり集団指導（学級単位）と個別指導の中間にあたるグループが作られます。そのグループ単位で、テーマに沿って学習します。カフェのようにいくつかのテーブルがあり、それに集まって学習するということから、カフェテリア方式と名づけられました。

学習のテーマは、子どもたちに出させてもいいし、保護者が子どもたちに聞かせたいテーマを選択してもいいし、教師が子どもたちに聞かせたいテーマを選択してもいい。このようにバリエーションを持って、年に二、三回の性教育授業を行います。

この方式のメリットはいくつかあります。

①子どもたち自身が、学習する内容を選ぶことができます。

②発達段階に沿うことができます。それにより、苦痛な時間を無理やり聞かせることがなくなるでしょう。性はプライベートな問題なので、理解できない算数の時間を過ごすのとは訳が違います。これは、いわゆる「習熟度別」ならぬ「成熟度別」学習でしょう。

③保護者の意向を酌むことができます。

④たくさんの教師が関わることができるので、多様な経験を共有できたり、教師集団としてメッセージを発することもできます。

当然、こうした小集団指導には難しさもあります。誰か一人の教師や養護教諭、または外部講師が、実施すればいいというものではありません。学年や学校全体の教師の協力が必要になります。特にカフェテリア方式は、継続することに意味のある指導方法です。先生方のエネルギーも必要ですし、授業時間の確保が難しくなるという問題も生じるかもしれません。

とはいえ、これまで散々集団指導をしてきて、限界と違和感を感じていた私にはとても新鮮な方法に思えました。

もの分かりのいいフリ

私の話や考え方のほとんどは、多くの方に賛同してもらえるのですが、一点だけ反論をいただく場合があります。それは、「家庭で性の話をすべきかどうか」の話をしたときです。

これまで積極的に性教育に取り組んできた先生方は、よく、「今まで私たちは性をオープンに語った方がいい、小さいときから性に関しても隠さず何でも話した方がいいとしてきました。そして、そういう努力をしてきました。それは間違っていたのでしょうか。納得できません」と言われます。

家庭の役割は性の話をオープンにすることではありません。

「こんなことにならないように」と自らの経験や失敗談を語れば、それを聞き続けるうちに、「そんなこともある」と考えるようになります。家庭で性の話をすればするほど、子どもたちにとって性は身近な存在となり、超えやすい敷居となります。

これは調査結果からも明らかです。

平成十四年度厚生労働省科学研究費補助金「男女の生活と意識に関する調査」では、①親と性や異性関係についてよく話をした子は性交開始年齢が低い ②親が性に対して厳しかった子は性交開始年齢が高い——ことが明らかになりました。

最近、もの分かりのいいフリをする親が増えています。飲酒や喫煙に始まり、外泊や自室でのセックスを黙認。初体験を語る娘に、それを嬉しそうに聞く親。

極端な例ですが、十五歳になる女の子が病院に来ました。その子は妊娠をしていました。本人は産む、母親は中絶させると言います。診察室ではこのような娘と母親の言い合いが続く中で、母親が娘に避妊具を使用するように常々話していたことが分かりました。十五歳の子どものセックスを黙認し、子どもにせっせとコンドームを渡して「妊娠だけはせんでよ」という。

子どもたちの性行動を容認したり、黙認したりすれば、子どもたちがそれを実行する機会は確実に増えます。そして、妊娠したり性感染症にかかる確率は確実に上がっていきます。子どもたちが実行しなければ確率はゼロです。

「うちの親は話が分かっとー。親はいいっち言うた」と言われては、教師や私たちにできることはありません。そんな子どもが、教師や私たちの話を聞くはずがありません。

家庭では性の話はそう簡単にはできない、しない、という雰囲気が大事です。子どもが「うちの家は厳しい」「ヘンなマネはできんぞ」と思うような雰囲気が大事です。そうして「性は大事なことなんだ」と分かるのです。若すぎる性行動への一歩を立ち止まれるのです。

セックス、避妊、妊娠、中絶、やったとかやらないとかいう話は、しなくてよい、どころかしないほうがいい。これまで長い歴史の中で、家庭ではそうした話はできなかったはずです。「時代が違う」という声も聞きますが、家庭の原理、親子の原理、性の原理は変わらないはずです。

しかし、母親が初潮を迎えた娘に「女性であること」「子を産む性であること」など、母としての気持ちを伝えることは大切です。母親は赤飯を炊き、家族は黙って食べ、祝いました。そんな言葉にできない大切なことを伝えていたはずです。

そして、性以外の日常会話は、十分に保たれていなければなりません。

前述の調査結果。日常会話が少ない子どもほど、「性交経験年齢が低い」「出会いから性交までの期間が短い」「人工妊娠中絶の繰り返し率が高い」ということが明らかになりました。家庭の中で親子の日常会話がどれくらいされていたかによって、子どもの性行動が違うのです。

早すぎる性体験を一年でも二年でも遅らせる決め手は「ちょっと待てよ」と踏

みとどまらせる「敷居」です。それが、親子のコミュニケーションであり、それを培うのが家庭の食卓なのです。

第三章

愛を食べて育つ

内田美智子

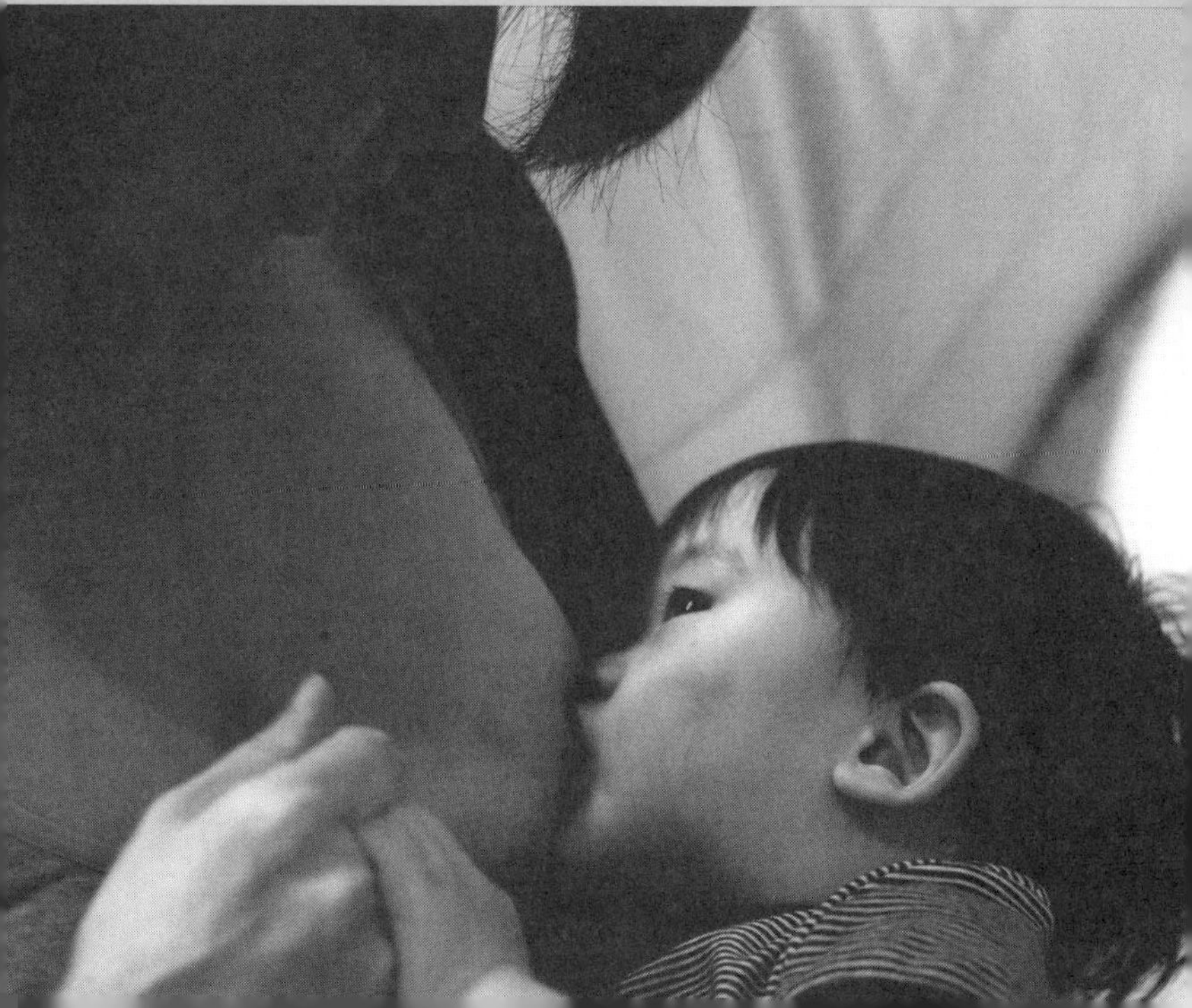

手のかからない子に手をかけて

分娩台の上で産声を上げたときから、赤ちゃんは泣き始めます。そして、泣き続けます。その声を聞きながらその場にいる誰もがみな、「良かった、元気な赤ちゃんで」と泣き声に拍手を送ります。では、そのずっと泣き続ける赤ちゃんは、いったい、いつ泣き止むのでしょうか。

お母さんの胸に抱かれた瞬間に、ピタッと泣きやみます。

赤ちゃんは、不安いっぱいの世界に放りだされて、唯一安心できる人を求めて泣きます。それがお母さんなのです。

ひたすらお母さんを求めて泣き続ける赤ちゃんが、何もしてもらえなかったらどうなるでしょう。

泣かなくなります。無視され続けると、赤ちゃんは何も感じなくなります、次第にあきらめて無表情になります。「サイレントベビー」をご存知でしょうか。

そんな泣かない赤ちゃんのことです。

赤ちゃんは、抱っこされる心地よさ、誰かに愛され、支えられる安心感を感じながら人として育っていきます。一人では生きていけない「人」に必要な「信頼関係」を築くことを学んでいきます。そうして、生きる力を身につけ、よりその力を発揮していきます。

お母さんが、少し抱っこすることに疲れたら、誰かが代わってあげればいいんです。お父さんでも、おばあちゃんでも。そしてまた元気になったお母さんが抱っこすればいい。

「泣くんです。ずっと泣くんです」と、困ったように言うお母さんがいます。泣き続ける赤ちゃんに困らないでください。赤ちゃんにはそれしか方法がありません。抱っこしてほしいだけです。

抱っこして愛してくれる人がいることに気づいた赤ちゃんは、愛を知りながら大きくなります。そんな赤ちゃんは、きっとお母さんを困らせなくなると私は信じています。

「これから赤ちゃんはいっぱい泣くよ、ずーっと泣くよ。お母さんが泣きたくなるぐらい泣くよ。でもそれはお母さん、お母さんって泣くんよ。だから『なんで泣くの』って思わないで抱っこしてあげてね」

私は、お母さんの胸に最初に赤ちゃんを抱かせたときに言います。

「手のかからない子」にこそ手をかけてほしい。泣かない、わがままも言わない子を、いい子だと思わないでください。

いつの間にか、子どもたちは、声を立てずに泣くようになります。人知れず、お母さんにも分からないように声を殺して泣きます。それが成長の証です。そんな日が、きっとやってくるのです。

声を出して泣けるうちは、たくさん泣かせてあげてください。お母さんの胸で思いっきり泣くわが子をほめて、抱きしめてください。お母さんが大好きな子どもたちです。

育てたように育つ

出産が終わると、飽きるほどわが子の顔を見つめ、お父さんとお母さんは子どもの名前を一生懸命考えます。優しい子に育ってほしい、明るい子に育ってほしい、賢い子に育ってほしい、人の痛みの分かる子に育ってほしい、など思いはさまざまですが、わが子の成長を願いながら一生懸命考えます。

でも、子どもは一人で、優しい子、明るい子、賢い子、人の痛みの分かる子に育つ訳ではありません。親がそう育てるのです。その子に関わっていく大人がそう育てるのです。

「抱っこして、辛いよ、寂しいよ、側にいて！」と訴える子どもに、手を差し伸べ、抱っこし、寄り添う親がいて、はじめてその子どもは、心地よさや安心感や信頼感を覚えるのです。

そうやって育った子が、将来、隣の席で泣いているお友達に「どうしたの？」って声をかけられる、優しい、人の心の痛みの分かる子に育ちます。

泣いても、抱っこしてもらえず、声も掛けてもらえない子は、心地よさや安心感を感じることはありません。その喜びを知りません。そんな子が、どうして優しい子に育つことができるでしょう。

笑い掛けてもらえなかった子が、どうして明るい笑顔のかわいい子に育つことができるでしょう。笑い掛け、話し掛けて育てるから、ニコニコ笑う明るい子が育つのです。

最近はオムツが高性能になりました。三回分のおしっこをためることができるオムツがあるそうです。「三回まで大丈夫と書かれているから」と、実際に、三回までオムツを替えないお母さんがいます。

将来、その子が大人になり、そのお母さんを介護する側に回ります。そうやって育てられた子が、どうして「おばあちゃん気持ち悪いやろ。オムツ替えようね」と言えるでしょう。「まだ二回だから大丈夫だよ、おばあちゃん我慢しとき」としか言えないのです。

人は、見たこと、聞いたこと、経験したこと、学習したことしかできません。子どもは一人で育つわけではありません。

子どもは育てたように育ちます。

授乳の風景

講演会に呼ばれていくと、参加者の方は、横は端から、前後は後ろから座り始めます。そして幼い子どもを連れたお母さんたちは、たいてい入り口に近い後ろの端っこに座ろうとします。

ところが先日、乳飲み子を抱っこしたお母さんが一番前の席に座りました。それも講演の開始時間よりもずっと早く。とても珍しく思い、私はずっと、そのお母さんを眺めていました。

　そのうち赤ちゃんがぐずり始めました。このお母さん、お乳が足りなかったのか、出なかったのか、バックから哺乳瓶を取り出し約二〇〇ccのミルクを与え始めました。それはそれは見事な授乳でした。そのお母さんは、赤ちゃんがミルクを飲み干す十数分の間、一度もわが子から目を離さなかったのです。本当に素敵な光景でした。

　一方で、わが子を一心に見つめて授乳するお母さんが少なくなったように思います。テレビを見ながら、誰かとおしゃべりしながら、携帯でメールしながらの「ながら授乳」。

　約八〇％の母親が授乳中にテレビをつけている、というアンケート結果もあります。

　さらには、タオルの上に赤ちゃんを置き、ほ乳瓶をくわえさせ、一人でミルクを飲ませるお母さんもいます。「一回の授乳の時間で、一部屋掃除できるもんねぇ」と胸を張るお母さん。

ミルクが悪いという訳ではありません。お乳が出なかったり、少なかったりするお母さんもいます。そんなお母さんと子どもにとってはミルクは必要です。一方で、お乳が出るのに、さまざまな理由をつけてお乳を飲ませないお母さんがいます。

先ほどの、わが子を一心に見つめて授乳するお母さん。こんなお母さんならミルクも悪くないと思います。

つまり、授乳、食事は何を与えるかだけでなく、どのように与えるかも大切だということです。青春期内科医師の森崇先生（北九州津屋崎病院・副院長）は「愛は口から入っていく」と言われました。お母さんの愛はその両手から、胸から、膝から発せられ、子どもの全身に染みこんでいきます。子どもは、お乳と一緒に愛を食べて大きくなっていきます。

授乳の風景は大切です。食事風景、食卓の風景も同じように大切です。

ふれあいのオーラ

内田産婦人科医院のベビーマッサージ教室は毎回盛況です。月に四回行なっていますが、毎回、十人から二十五人近くの親子が参加されます。こんなにもたくさんのお母さんが楽しそうに赤ちゃんに触れて、話しかけて、笑いかけて、抱きしめている姿を見ると嬉しくなります。

赤ちゃんは、生まれ落ちた瞬間からお母さんを求めてひたすら泣き続けます。お母さんに抱かれると不思議なことに泣きやみます。大好きなお母さんに抱き締められれば、それだけで安心して気持ちよくなるのです。

お母さんは赤ちゃんに触れる機会を増やしてほしいと思います。それだけで赤ちゃんは安心します。また、お母さんも赤ちゃんの発するサイン、赤ちゃんの感じていることを感じ取れるはずです。言葉を持たない赤ちゃんは、全身で欲求を表現するはずです。嬉しいことも、悲しいことも、辛いことも、楽しいことも、すべてオーラのように発するはずです。しっかりと抱きしめていれば、それを感じとることができるはずです。

しかも、赤ちゃんのそのオーラは、周りにいる大人たちを癒す「癒しオーラ」なのです。楽しい子育てをしていると、お母さんからも、やさしい豊かな「愛情オーラ」が出ます。そのオーラを浴びて、赤ちゃんはまた癒しオーラを出していきます。こうしてお互いに、安心感や信頼感が育っていきます。

それをある小児科医は「赤ちゃん浴」「大人浴」と言いました。森林浴ならぬ赤ちゃん浴です。

子どもが大きくなっても、子どもは親子のふれあいオーラを体が覚えているのではないかと考えています。思春期のどうしようもなくイライラした感情を持ち合わせた女の子が、月経の時に母親にお腹をゆっくりマッサージされて、まるで赤ちゃんのように静かに眠りにつくこともあるのです。

だから、親と子のふれあいは、赤ちゃんのときだけではなく、子どもが大きくなっても続けてほしいと思います。足だけでも、手だけでも、服の上からでも。

ある保育園の園長先生が言われた言葉です。

「乳児には肌を離さないで、幼児には手を離さないで、小学生には目を離さないで、思春期の子どもには心を離さないで」

母の全身を必要としていた子どもは、満たされ続けると、次第にそこから離れていける大人に成長するのです。

第四章

心のバトン

内田美智子

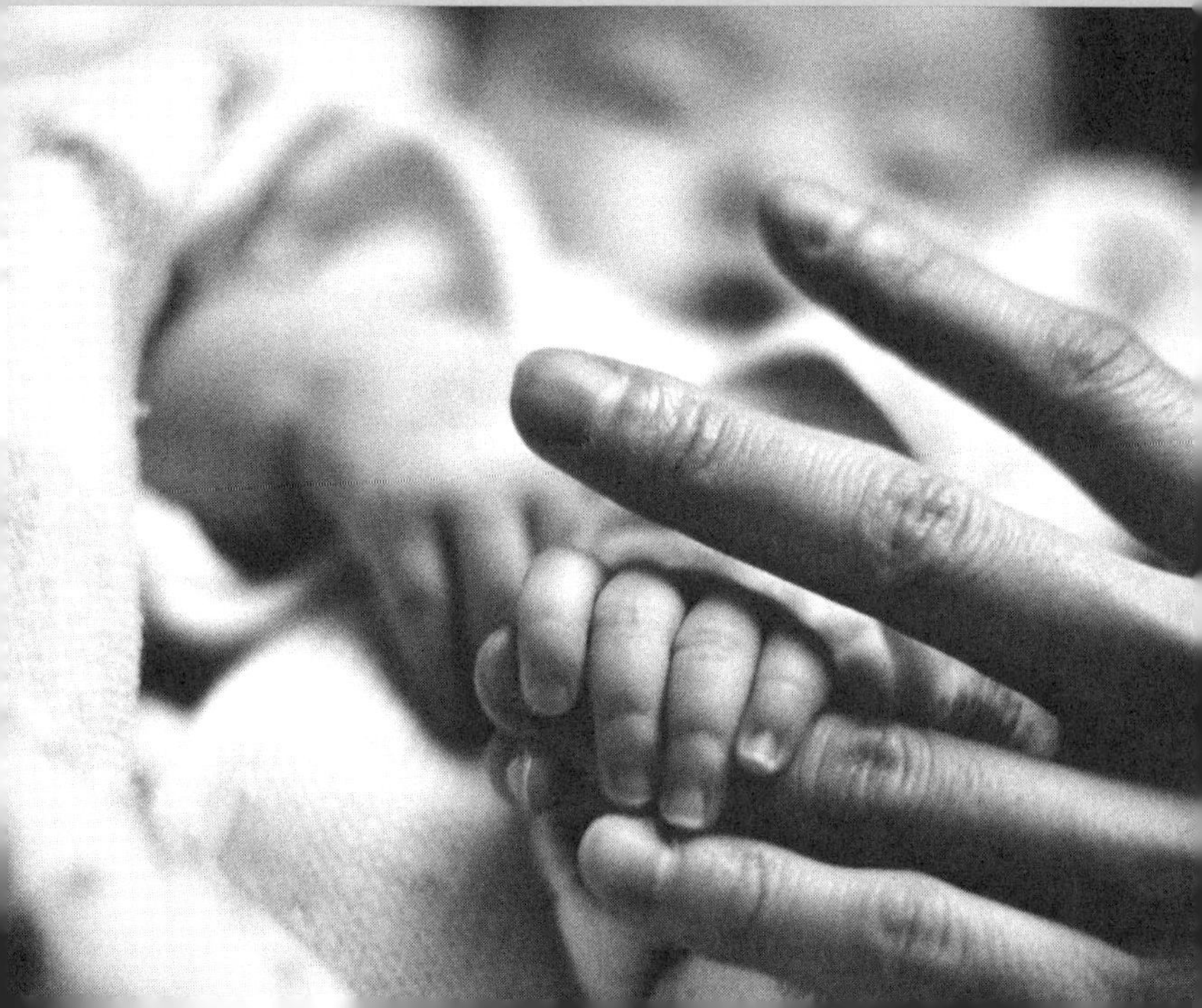

体の空腹と心の空腹

一日中、ものを食べ続ける子どもが増えています。ご飯の時間でもない、おやつの時間でもないのに、ものを食べ続ける子どもがいます。この子どもたちはいつから、一日中食べ続ける習慣が身につくのでしょうか。

お乳やミルクを飲む乳児期は、一日中、お腹がすけば泣き、お乳やミルクをもらい空腹を満たしていきます。

幼児期になると、決まった時間に食事をするようにしなければなりません。ただ、おやつも大切な食事の一つです。成長にとってもおやつは必要ですし、子どもの大切な楽しみの一つです。「食事とおやつの時間以外は我慢するのよ」と教えなければならないのです。

しかし、それを教えない大人がいます。ぐずる子どもをあやせない大人が増えています。そんな親はどうするか。

ぐずる子どもの口に食べ物を突っ込んで黙らせようとします。

そうして育った子どもは物心つくようになると、辛いときや悲しいときに、自ら食べ物を口に運んでその辛さを紛らわせようとします。

それをずっと続けます。思春期になっても続けます。こうして、一日中、ものを食べ続ける生活ができあがります。

これは、心の空腹感を満たすために、身体的空腹感を埋めようとしているのです。

今、子どもの周りにお菓子やジュースがあふれています。手を伸ばせば、いつでもどこでもそれらを食べることができます。砂糖と油と塩を一日中なめ続けるのです。大人もそれを止めません。止めるどころか、買い、与え続けるのは大人です。

深刻なのは、それが過食症にもつながることです。

「間食の習慣がついた子どもは、そんな生活を続けると太ります。思春期になって、太ることがいやな子は食べた後、吐きます」。北九州津屋崎病院の森崇先生（副院長・青春期内科）は言います。

過食症で、食べては吐くという行為を繰り返し、人差し指の付け根辺りに「吐きダコ」ができるほどです。カリウムやナトリウムなどを含む体液まで吐き出すので、早く治療しないと、栄養が欠乏して脳の萎縮が進み、意欲喪失、物忘れなど、認知症と同じような状態になりやすいのです。

食欲中枢は、本能を支える脳幹にあります。本来、それをコントロールするのは、感情などをつかさどる大脳です。森先生は「愛する、愛されるという『愛情』や、趣味、学業などの『生きがい』をたくさん持っているほど、大脳は充足感を得て、よく働く。つまり脳幹を正常にコントロールしやすくなる」と言います。

こうした子どもたちを救うためには愛情が必要なのです。

そして、こんな子どもたちがいずれ親になります。既に、お菓子を主食にしている若い母親たちが出産をしています。そんな親は、「食事とおやつの時間以外は我慢するのよ」と教えることはできないでしょう。

たかがおやつですが、されどおやつです。

頑張らない、我慢しない、無理しない

「タバコ吸ったら、おっぱいに悪いんやろ?」

「悪いねー」

「じゃあ、私、おっぱいやめる。タバコやめきらんけ」

「は?……」

一カ月検診に来た若いお母さんとの会話です。若い女性の喫煙率が上昇していますが、妊婦さんも例外ではありません。喫煙妊婦さん、喫煙お母さんが増えています。

検診に連れてきた赤ちゃんからタバコの匂いがプンプンすることも度々あります。聞けば、夫婦でタバコを吸い、部屋が煙でかすんでいるらしいのです。

妊娠中はタバコの害を気にしてください。お母さんがタバコを吸うたびにニコチンが吸収され、血管が収縮します。お腹の中の赤ちゃんは、臍帯《さいたい》を通る血管がまさに命綱です。タバコを吸うことは、お腹の中の胎児の首を、お母さんが絞めているようなものです。

タバコだけでなく、食事管理がなかなかできない妊婦さん、お母さんが増えています。お菓子が主食。間食のオンパレード。夜のご飯がカップラーメン。一日一食や二食もざらです。

野菜を知らない、魚料理ができないお母さんが増えています。知っている野菜と言えば、トマト、キュウリ、レタス―サラダです。根菜を知りません。根菜を知らず、魚料理ができなければ、赤ちゃんが生まれてお母さんはすぐに困ることになります。離乳食が作れないのです。

洗濯、掃除。家事ができないお母さんが増えています。ゴミ箱のような部屋で子育てをしていたり、洗濯はしても、畳んで収納することをせず、干した洗濯物をそのまま着たり。ただ、このお母さんだけを責められないのは、このお母さんたちもさせられていないから、知らないし、できないのです。

育児が面倒くさい、子どもに二十四時間べったりはイヤ、というお母さんが増えています。赤ちゃんは、何もできません。手をかけなければ、何十時間でも、同じ場所に転がっています。子どもはお母さんが二十四時間、べったりしておかなければならない時期があるのです。子どもはいずれ、誰の手も必要としなくなるときが必ずやってきます。二十四時間べったりなんて、子どもの方がうっとうしくてたまらなくなるときが必ずやってきます。そのときまで、必要なときに必要な手をかけなければなりません。

朝起きることができない、夜更かしをやめることができない、というお母さんが増えています。先日、あるお母さんが、子どもが夜、寝ないと言って相談に来ました。昼にしっかりと遊ばせるようにアドバイスすると、「時間がない」と言います。話を聞いていると、そのお母さんは、昼の一時に起き、それから朝食か昼食を食べ、いろいろしているとすぐに四時。冬は五時にはもう暗くなっていて、子どもを外で遊ばせる時間がないというのです。

テレビやビデオに子守をさせるお母さんが増えています。忙しいときに子どもがまとわりついてきます。そんなときに、お母さんがテレビやビデオをつける。子どもは動くものが本能的に好きなので、テレビをつけると子どもはテレビを注視します。言葉がまだ分からない子どもでもじっとテレビを見ます。そうしてテレビやビデオにずっと子守をしてもらった子どもは、ものごころつくと、自分でテレビやビデオのスイッチを入れるようになります。子どもはお母さんが遊んでくれないのを、もう知っているからです。問題は、そんな子どもは言葉が出なくなること、言葉の出が遅くなることです。

子どもをあやせないお母さんが増えています。そんなお母さんは、子どもの口に食べものを突っ込みます。その結果は前述のとおりです。

何かのために我慢するとか、頑張るということができない人が増えているように思います。子どものために、ちょっと無理することができないお母さんが増えているように思います。

最近のお母さんの傾向です。

人は愛されて人になる――子どもの権利

「家には会話がなかった」

「ずっと居場所がなかった」

「いい子でいたかった。ずっと頑張ってきた。一人で頑張ってきた」

「努力しないと愛されないと思っていた」

「かわいがられるためには何をすればいいのか、いつも考えていた」

「いっそ見捨ててほしい…。いや、見捨てないで」

「金銭的援助さえしてくれればいい」

「やっと生きる目標を見つけたので、もう少しだけ援助してほしい」

「親が離婚するとき親権を譲り合った」

これらは、パニック障害、摂食障害（拒食症と過食症）、自傷行為などの心の病気で思春期内科にかかる子どもたちが絞り出した言葉です。北九州津屋崎病院の森崇先生に、「何か言いたいことは？」「親に言いたいこと、望むことは？」と問われ、促され、やっと発せられた言葉の数々です。


この子どもたちが十五歳から十八歳くらいだとすると、その間、よく生きてきたなぁと思います。いろんなことに耐えてきたんだと思います。心や体の安らぐ場所がないままに育ち、思春期になってさまざまな変化が波のように押し寄せてきたときに、耐えられなくなって、サインを発しているんだと思います。子どもは生きるのに必死です。必死に生きているから、こうしてサインを送り続けているのです。

このカンファレンスに出てきて、話せるようになるまでに平均二週間ぐらいかかるそうです。

自分のことを見つめ、家族を思い返し、病気を認識し、これからの自分を見つけていく作業が、どれだけ大変で苦しい作業であったかは想像もつきません。

こうした子どもたちを見つめ続けてきた森先生はこう言います。

「子どもたちにとって愛されること、食べることがどんなに大事であるか。思春期の子どもたちが起こす問題は、思春期に起こることではなく乳幼児から始まっている。思春期にサインを出しているだけである」

大人がすべきことは一つです。

子どもたちが生きるための権利を保障すること。

子どもたちが生きるための権利とは、「食べて、寝て、遊んで、愛されること」です。他にもあるでしょう。少なくとも、食べて、寝て、遊んで、愛されることは最低限の権利です。

子どもは、自らこの権利を放棄したりしません。「食べなくてもいいよ」「おっぱいいらないよ」「寝なくていいよ」「遊ばなくていいよ」「母さん。抱っこしてくれなくていいよ」なんて考えている赤ちゃんは一人もいません。

「お腹がすいた」と言って泣く。「眠たい」と言ってぐずる。「遊んで」って、「母さん抱っこ抱っこ」って言うのが子どもです。そのときに、お乳をもらって、ぐっすり眠って、遊んでもらって、抱きしめられた子どもが大人になれるのです。

子どもにとって、食べて、寝て、遊んで、愛されることは生きることそのものです。お乳をもらって、ぐっすり眠って、遊んでもらって、抱きしめられた子どもを頭に思い描いてみてください。きっと幸せそうな表情をしているはずです。

大人は、この権利を保障しなければなりません。子どもは、この権利を自ら放棄したりしません。奪うのは大人です。

赤ちゃんが大好きな小児科医仁志田博司先生（東京女子医科大学母子総合医療センター所長）はこう言います。

「子どもにとっては、優しさがないと生きていく価値がないどころか生きていくこと自体ができない」

人は愛されて人になります。

みんなで育てる

子どもは育てたように育ちます。寂しさを訴える子どもを母親が抱き締めることで、心地よさや安心感や信頼感を覚え、優しい、人の心の痛みの分かる子に育ちます。

とは言え、その母親も自分が経験したことしかできません。自分が育てられたように、子育てします。

子どもを抱き締めることができない、子どもに愛情を抱けない母親がいます。自分が抱き締められた経験がないからです。そうした問題を抱える親子の背景には、おばあちゃんの子育ての方法や存在が問題となっているケースも多くあります。再び、そうして育てられた子が親になったとき…。命のリレーだけではなく、育ちもリレーしていきます。

そのリレー、連鎖を断ち切るには、より多くの人々が、子育てに関わることが必要でしょう。

言い換えれば、大人のかかわりによって、子どもは変わってしまうし、また変わることもできます。かかわる大人も一人ではなく、多くの人々がいるわけですから、どこかで誰かが手を差し伸べればいい。例えば、お母さんがちょっとつまづいたり、お父さんがつまづいたりしても、子どもはちゃんと育っていきます。

両親がいない子どもたちが皆、非行に走るかというと、決してそうではありません。そこにかかわる大人がいるからです。

子どもたちの育ちをみんなで支える。大事なことは、それぞれに役割を果たしていく事だと思います。

母親の存在は決定的に重要です。子どもにとって母親はかけがえのない存在です。

そして、その母と子が幸せに暮らす環境をつくるのが父親の役割です。そして父と母が幸せであれば、子どもは幸せになれるに決まっています。そこに父親の存在の意味があります。

地域の役割も重要です。アフリカには「子どもを育てるには村がいる」ということわざがあるそうです。子育ては地域で行うのが原則です。人間は、家族、友人、学校、地域を含むさまざまな人々とつながり、そこから伝えられる情報や規範、価値観を学び、精神的な支えを得ながら成長していきます。

具体的には、校門を出てから帰宅するまでに、どんな人に、どんな声を掛けられるか。それが大事です。子どものさまざまな問題行動も、地域の目でかなりの部分を抑えることができます。

また、「君たちは地域にとっても大切な存在なんだよ」と、地域の大人が皆でメッセージを送ることが大切だと思います。メッセージは言葉だけで伝わるものではありません。おいしい給食を心を込めて、愛を込めて作る調理師さん、給食の食材を納入する業者さん。安全な米や野菜を作る農家のおじさん。子どもたちに直に接する機会は少ないかもしれませんが、そうやって作られた給食を食べる子どもたちには、きっと地域の大人からのメッセージが伝わっているはずです。

専門家の力も必要です。それぞれの専門職が専門性を生かし、次の専門職へバトンを渡していくことが必要です。そんな専門職の連携組織をつくりました。

九州思春期研究会。この九州思春期研究会は、特に性の問題を活動の対象にしています。二〇〇四年に設立され、二〇〇五年二月五日に開催された第一回九州思春期研究会設立記念大会には、九州各地から約三百人の思春期保健に携わる方々が集まりました。

思春期の子どもたちの性の社会的な問題がとても多くなってきています。しかし、思春期の子どもたちの姿だけを見ていても、問題は解決しません。思春期は突然始まるわけではありません。

子どもの全成長は「入り口」であるお母さんのお腹の中にいるときから始まります。さらに言えば、母親と父親がどうやって出会って、どれだけ愛し合って、その子を宿したかというところから始まっているかもしれません。

子どもたちは、お母さんが妊娠してから、たくさんの専門家やさまざまな人々に支えられ、交流しながら成長し、その土台の上に思春期という過程が生まれるわけです。親子がどのような環境の中で、どのように共に育っていくかが大切です。そう考えれば、子どもの成長の時間的なプロセスとしての「縦」の連携が必要になります。助産師、医師、保健師、保育師、幼稚園養護教諭、教師らの連携が求められます。

一方で、家庭や学校、地域など社会的、空間的な「横」の連携も必要です。教師、医師、保健師、助産師、人権擁護委員、主任児童委員、各種施設従事者らの連携が求められます。

このように思春期の問題に対応するには縦の連携と横の連携が大切です。九州思春期研究会は、その連携をつくり出し、うまくバトンを渡していこうとする専門職の組織です。

母にしかできないこと、父親がやるべきこと、家庭の役割、学校の役割、地域社会の一員としてできること、専門家としてやらなければならないこと、それぞれあります。

それぞれにできること、やるべきことを明確にして、それぞれが自分の仕事を全うして、次にバトンを渡す。

例えば、夜も寝させてない、朝ご飯も食べさせてない、うんちもさせてない、「行ってらっしゃい」も言わないで送り出した子どもを、先生方に「さぁ、勉強を教えてください」と渡す。これでは先生方もバトンを受け取りようがありません。

バトンリレーをちゃんと機能させなければなりません。そして皆で、子ども、その親たちを支えていくことが必要です。

第五章

食卓の力

内田美智子

先に死にゆくものとして

子どもの死を見たいですか？

子どもと一緒に死にたいですか？

子どもより先に死にたいですか？

「これらの問いにあなたは何と答えますか」

ある勉強会で講師が問いかけました。


おおよその大人の答えは「いいえ・いいえ・はい」でしょう。

私もそうです。

私たちは子どもより先に生まれてきました。同じように、私たちは子どもより先に死ななければなりません。子どもをこの世に残して逝かなければなりません。

それは、子どもがいつか、一人で生きていかなければならないということです。

「子どもが一人で生きていくことができる」ように育てなければならないということです。

しかし、一人で生きていくことができない子どもが社会に放り出されているように思います。

四月。桜咲く旅立ちの季節。多くの若者が、大学に進学したり、就職のために、親元を離れて一人暮らしをはじめます。では、そうした若者の中で、どれほどが本当に一人で生きていくことができるのでしょうか。

西日本新聞ブックレット『食卓の向こう側―キャンパス編』（西日本新聞社）に、大学生のリアルな食生活が紹介されました。この調査のすごいところは、食べたものを、カメラで記録するところにあります。記述式のアンケート調査では、「昼食―おにぎり」と回答しても、それが手作りのものなのか、コンビニエンスストアのものなのかは分かりません。カメラでの記録は、ウソやごまかしはありません。そのときに、どんな雰囲気で食べたのかまで伝わってきます。

佐賀大学理工学部のA君。よっぽどラーメンが好きなのでしょう。しかもインスタントラーメンばかりです。

熊本大学の法学部のB君。彼は、昼食に必ず定食を食べています。定食を食べたくなる子は、小さい頃から、ご飯と一汁一菜を食べていたのだと思います。だから学食で定食を食べるのでしょう。家を離れ、親元を離れ、ふとした拍子に思い出すのは、お母さんのみそ汁や炊きたてのご飯です。それを食べることで、子どもたちの心はふるさとに帰って行きます。しかし、みそ汁とおかずの作り方がわからないので、彼の場合、夕食はラーメンやコンビニ弁当です。

一方、女子大生のCさんはどうかというと、これもひどい。パンやうどんばかり。最近の多くの女子大生がこうした食生活を送っているようです。やせたいから、あまり食事を食べないし、朝食や昼食を抜くときもある。でも、お菓子やジュースを飲むのでいっこうにやせません。そして、野菜を食べていません。おそらく、彼女は便秘で、生理痛もひどいでしょう。

このAくんとCさんがつき合いだしたら、食生活は三食ラーメンとなるでしょう。もし、できちゃった結婚なんてなれば、その子どもは悲惨です。

Ｂくんと C さんがつき合い出せば。もしかしたら C さんは変わるかもしれません。ご飯とみそ汁とおかずが食べたいＢ君のために、C さんは料理を勉強するようになるかもしれません。これが恋愛のすごいところです。女性は、恋愛、結婚、出産などの場面で、変われるチャンスがあります。

食生活だけではありません。

東京の大学に行った男の子。お母さんが、四月にマンションを借りて家財道具をすべて買いそろえました。テレビも掃除機も洗濯機もガスレンジも炊飯器もすべてです。半年後に様子を見に行くと、冷蔵庫には缶ビールしか入っていない。ガスレンジと炊飯器は使った形跡がない。ベッドに掛けたシーツは、半年前にお母さんがかけたそのまんまです。

一人暮らしを始めれば、家事の力は自然と身につく、と考えているお母さんが多いようです。昔は、そうしなければ生活できないので、家事の力も身についていたかもしれません。しかし、今は、お金を払うか、何かを多少我慢すれば生きてはいけます。家事の力は自然に身にはつきません。

先に死にゆくものとして、そうした子どもを残して逝くことができるでしょうか。

一人で生きる力

「インフルエンザみたい。熱があってきつい」

遠く東京で一人で暮らす大学生の娘からの電話。

「夜中に高熱が出たら、あの娘は一人でどうするのだろう」。「食事はどうするのだろう」。いくつになっても子どもは子どもです。心細く一人で寝ている姿を思えば思うほど、娘の元に駆けつけたい気持ちに駆られます。

しかし、その日、母は夕方までびっしり仕事が入っていました。悩み抜いた母は、黙々と仕事をこなし、夜遅い便で上京するためのチケットを予約しました。

その間、何度も電話を入れました。最後の電話で「今夜の便で行くよ。夜中には着くけん、待っとってね」。

すると娘から思いがけない返事。「お母さんにうつるよ。うつったら大変。仕事にも行けんくなるやろ。私なら大丈夫。友達も来てくれたから。ありがとう」。娘の友達も「今日は私がついていますから大丈夫ですよ」。

知り合いのお母さんと娘の話です。

この親にしてこの子ありでした。子は親が思っているより成長していました。十分一人で生きていく力を蓄えていました。

子どもたちが一人で生きて行くために必要な力とは何でしょう。私は、次の五つではないかと考えています。

①心と身体の健康 ②生きがい・夢 ③よりどころ ④経済的自立 ⑤家事——。

心と身体の健康。それは、人が幸せに生きていくためには必要不可欠です。自らの心と身体の健康を、自ら維持する力を身につけさせなければなりません。

生きがい・夢。チンパンジーのDNAは人間のそれと九八％以上が同じだそうです。しかし、チンパンジーは生きがいや夢を持ってないでしょう。それは、人間だけが持てるものです。人間が人間らしく生きるためには、生きがいや夢が必要です。

二〇〇七年四月に、「偉くなりたいと思っている子どもの割合は他国の三分の一程度の八％」という調査結果が発表されました。これは、財団法人日本青少年研究所などが、日本、アメリカ、中国、韓国の高校生それぞれ千数百人ずつを対象に調査を行ったものです。日本の高校生の特徴がもっとも表れたのが、「偉くなること」についての質問。他国では「能力を発揮できる」「尊敬される」といった肯定的なイメージを持つ生徒が多いのに対し、日本では「責任が重くなる」が七九％と否定的なイメージを持っていました。

生きがい・夢＝偉くなること、ではありません。しかし、現在の日本の若者の生きがいや夢、バイタリティーの一端を示しているかもしれません。

よりどころ。人は一人で生きていけません。その子が困ったときに、何かの壁にぶつかったときに頼れるよりどころが必要です。親が生きている間は、子どもにとって親が心のよりどころです。何があったとしても親は子どもが帰ってくれば、あたたかく迎え入れるでしょう。しかし、その親が亡くなったあとは…。
よりどころ、そして、それを自ら確保できる能力が必要です。

しかし、そのよりどころが携帯電話であっては困ります。こんな話を聞いたことがあります。

ある女の子が高校入学を機会に携帯電話を買ってもらいました。その子は、すぐに携帯電話に夢中になりました。暇さえあれば、携帯電話ばかり見ています。家に帰っても、自分の部屋に閉じこもり、携帯電話で誰かと話をしたり、メールを打ったりしていました。

家族との会話は極端に減りました。

ある日、その子の携帯電話の使用料金明細が送られてきました。お母さんは、その金額を見て驚きました。十万円です。

お母さんとお父さんは話し合い、その子から携帯電話を取り上げることにしました。それから一週間後、その子は体調を崩し、寝込みました。全身にジンマシンのような赤い斑点が出ました。

病院で診察を受けると、お医者さんは言いました。「最近、何か強いストレスを感じるようなことはありませんでしたか？」

お母さんは、すぐに携帯電話を取り上げると言ったときの、我が子の反応を思い出しました。今までに見たことがないほど、泣き叫び、親に携帯電話を渡すことを拒否しました。

その姿に、お父さんとお母さんは異常さまで感じました。背筋がゾッとしたと言っています。

お母さんは、原因は携帯電話しかないと思いました。

試しに、その子に携帯電話を返してみました。すると、全身の赤い斑点が次の日には、きれいに消えて無くなったのです。

携帯電話依存症です。

携帯電話はよりどころにはなれません。愛もなければ、温もりもない、優しさもない。ひょっとしたら、愛と勘違いした束縛の呪縛に絡まっているのかもしれません。よりどころって、本当に困ったときに頼るもの、頼れるところです。それは携帯電話ではありません。携帯電話は助けてくれません。

経済的自立。現代の社会において、自立した生活を営むためには、経済的自立が必要不可欠です。

パラサイト・シングルという言葉があります。パラサイトとは「寄生」、シングルとは「独身者」。つまり、学卒後もなお親と同居し、基礎的生活条件を親に依存している未婚者のことです。その数は、二十歳から三十四歳までの男女それぞれ五百万人、合わせて一千万人ということです。

ニートという言葉も有名になりました。ニートとは英国政府が労働政策上の人口の分類として定義した言葉で「Not in Education, Employment or Training」の略語です。わが国では二〇〇四年の労働白書において「主婦と学生を除く非労働力人口のうち十五歳から三十四歳の人」が「若年無業者」と定義され、後にニートと言い換えられるようになりました。厚生労働省の『労働経済の分析』（労働経済白書）では、ニートに相当する人の数を初めて集計し、二〇〇三年では五十二万人に達していることが明らかになりました。

経済的に自立できない若者が増えています。自立させない親が増えています。子どもとずっと一緒にいられることを喜ぶ親もいます。

家事。特に食事は大切です。自分で食事を作れるか、食べることを大事に思えるか、一緒に食べる人はいるか、食事の時間が楽しいか。子どもたちは、お乳を飲むときからずっと、子どもたちは「何を食べ、どう食べるか」という経験を積んでいきます。この経験の積み重ねは大きい。

味覚も研ぎ澄まされるのか鈍るのかが決まりますし、人やモノに感謝できる心が育っているのかどうかも決まります。すべて一日に三回の、一年に千回以上の食事が子どもを育てます。

たかが「食べること」、されど「食べること」。誰にでも簡単にできる「食べること」。それにより、言葉で伝わらない一番大切なことが、お煮しめのように子どもに染み込んでいきます。

今、自分で自分の身体を守ることができない子、よりどころのない子、夢も生きがいも希望も持てない子、いつまでも自立できない子、家事が全くできない子が増えています。

すべての子どもがその力を持ち合わせていないとは言いません。しかし、このどれもが身についていない子どもたちが社会に放たれています。

彼らにどうやって生きていけと言うのでしょう。

子どもたちの生きる力を養う。それは、先に死にゆく大人の責任です。ずっとずっと子どもたちの側にいられるわけではないのですから。

究極の体験学習

ある年のある寒い日のこと。

「おとといのあの雪の日に子どもを外に連れて出られたお母さん、どれだけいますか?」。内田産婦人科の幼児クラブ「U遊キッズ」での、私の挨拶でした。

手を挙げたのは三十五人中、たった二人のお母さんだけでした。

寒い日に寒いからと暖房の効いた部屋に一日中いる。暑い日に暑いからとクーラーの効いた部屋に一日中いる。そんな子育てをしてほしくないと思っています。

あの降りしきる雪が、頬に当たる感覚を子どもに感じさせてください。木枯らしの吹く日に、冷たい木枯らしを子どもにあててください。暑い日には、じとっと首筋を流れる汗をかかせてください。

新水巻病院の白川嘉継先生(周産期センター、センター長)からこんな話を聞きました。

子どもを抱っこできない親がいます。その中には、物理的に、つまり背筋力が足りず、子どもを抱っこできない親が増えているというのです。背筋力を養うには、幼稚園の頃に、どれだけ外で遊んだかが重要だと言います。しかし、最近は、子どもが熱中症にかかるケースが多くなり、夏、外で遊べなくなっているのです。

では、なぜ最近、子どもが熱中症にかかるケースが多くなったのでしょう。地球温暖化の影響でしょうか。

実は、発汗をしっかりできる体質を作るためには、二歳までに暑さを感じさせる必要があるというのです。しかし、最近はクーラーの効いた部屋で育てられるため、発汗がうまくできない子どもが増えているのです。それゆえ、うまく発汗できない体質になり、夏、外で遊べなくなる。そして背筋力が低下する、大人になって、赤ちゃんができても抱っこできない、というわけです。

健康な体をつくるためにも、小さい頃から、暑い夏、寒い冬をしっかりと感じさせる必要があるのです。

子育て中の親子や、子どもを対象にした○○体験教室というものがあります。

しかし、私は、そんな体験教室へ行かなくても日々の暮らしの中で、子どもたちにさせられる体験はいくらでもあると思っています。

家事手伝いは究極の体験学習でしょう。家事を通じて、食材という命に触れることができますし、洗濯、掃除、それらから感じ、学び取れることは本当に多いと思います。家事手伝いをしていない、させてもらっていない子どもはもちろん家事はできません。興味もわかないでしょう。お手伝いをしてほめられることも、失敗して「アーア」とがっかりすることもありません。

内田産婦人科医院では、これまで中学生の職場体験学習を受け入れてきましたが、お弁当を今まで一度も自分で作ったことがない、シーツを一度も自分で変えたことがない子がほとんどです。聞けば、その子どもたちのお母さんのほとんどが働いています。一日働いて夕方、クタクタになって帰ってきて、一人で黙々と家事をこなす母。その子たちはそれを黙って見ているのでしょうか。子どもたちは何も感じることもなく夕食ができるのを待っているのでしょうか。

そう考えれば、家事は、優しさを育むのかもしれません。また、家事は、優しさの表現方法の一つだと思います。

是非、足元にまとわりつくころから一緒に何かをしてください。お母さんと一緒にするお手伝いの楽しさを教えてください。お母さんと一緒に何かをするってうれしいものです。

料理をしている脇で、小麦粉に水を加えて、泥遊びのように団子をこねさせてもいいと思います。真っ黒な団子ができあがるかもしれない。でも、それがおみそ汁に入っていて、父さん、母さんが「おいしい！」ってそれを食べたら、子どもは絶対に嬉しいはずです。もっと手伝おうと思うはずです。人が喜ぶ姿を見て、嬉しいと思う子どもに育つはずです。

大丈夫。

真っ黒な団子を食べたくらいでは人間は死にません。

一番のごちそうは「ひもじさ」

私は、子どもがおっぱいから離乳食へ、断乳して、自分でご飯を食べていくというプロセスをずっと見てきました。

心と身体を育むのは間違いなく食卓です。そしてそれは「普通」の食卓なのです。「普通の食卓とは何か」を考えるには、「普通ではない食卓」を考えればいい。それは子どもがたった一人でご飯を食べるという食卓です。または二食しか食べないという状況です。給食しかまともなご飯がない、毎日、コンビニ弁当やホカ弁といったこともあるかもしれません。

学校の給食の現場では、残食の多さが問題になっています。食べないとお腹がすきます。お腹がすくと勉強もできないし、遊ぶこともできないので、普通は困ります。昔は困りました。だから、学校の先生も好き嫌いなく、給食を残さないように指導してきましたし、子どもたちもちゃんと食べていたように思います。

しかし、今の子どもは困りません。

嫌いなものを無理して食べなくても、二、三時間して家に帰れば、大好きなたくさんの食べ物があるのです。パンもあるし、お菓子もあるし、ジュースも清涼飲料水もある。家になくても、コンビニにあります。

パンやお菓子を食べ、ジュースや牛乳を飲めば、もう夕食はいりません。「お腹が空いたよー、ご飯まだー?」「お母さんご飯おいしかったよー」という会話はまず期待できません。

注意したいのは、お腹がいっぱいになっているのではありません。血糖値が上がるので、空腹感がなくなっているだけです。

だから寝る前に、「お腹がすいた」となります。そこで、アイスクリームを食べて、お菓子を食べて、ジュースを飲んで寝るという具合です。

こんな食生活を送っていると、食べることを重要だと思わないようになります。

今の子どもたちにとって一番のごちそうは、「ひもじさ」だと思います。ご飯は、お腹が減っているからおいしいのです。ひもじければ、白いご飯だけ、おにぎりだけでもおいしく感じるものです。

そうした子どもは、ご飯を、食べることを重要だと思えるようになります。ちゃんと「いただきます」と言えます。ご飯を作ってくれる親のありがたみもわかります。おいしいご飯を食べた子どもは自然と「ごちそうさまでした！」と口から出てくるはずです。

農水省やＪＡで構成する「朝ご飯実行委員会」（東京）は、首都圏の児童五十人に「現実の食卓」と「理想の食卓」の風景を描いてもらいました。この結果を見ても分かるように、子どもにとっての理想の食卓も、普通の食卓なのです。

あらためて、子どもにとっての普通の食卓とは何か。

それは、食事を大事にする食卓です。一緒に食べる人がいる食卓です。食事の時間が楽しい食卓です。家族のために作った料理が並ぶ食卓です。皆で食事を囲むのが食卓です。

たかが食卓。しかし、子どもは食卓で育ちます。

内田流、いい子育て半歩先宣言

私が子どもたちの未来を思い、この世から無くしたいものは、テレビ、携帯電話、ゲームです。

しかし、私たちは、こうした便利な生活を手に入れてしまいました。もう、昔に戻ることはできません。身の周りから、コンビニやファーストフード、清涼飲料水、テレビ、携帯電話を無くしてしまうなんてことはできません。

しかし、大人が一歩でもいい、半歩でもいい、踏み出してほしいと思います。大人が変わらなければ、子どもは変わりません。子どもが変わるには、まず大人からです。

今まで一回も作ったことのないおかずを作ってみる。子どもは「えー！ 母ちゃんどうしたん？」と言うでしょう。それを三日間続ければ、「あれっ、お母さん、何か変わったかな？」と思います。「何か違うコトしようとしているのかな？」「何か変わろうとしているのかもしれない」って子どもは思います。

それは、晩ご飯でも、朝ご飯でも、朝、学校に送り出すときでもいいと思います。昨日まで「はいはい、いってらっしゃい」と顔も見ずに送り出していたのに、近くまで来て笑顔で「いってらっしゃ〜い！」と変えてみる。子どもは「キモイ！」と言うかもしれません。

でも、これが大事なのです。ほんのちょっとしたことが子どもには伝わります。中学生であろうが、高校生であろうが「お母さん、何か変わろうとしているのかな」と、子どもは敏感に感じるものです。子育てに、「もう遅い」はありません。

一歩でもいい、半歩でもいい、踏み出してほしいと思います。

私が考える、「いい子育て半歩先宣言」を提案します。

子育て全般編

一、まず抱き締めよう。なめ回すなら今だ！
二、抱き癖をつけよう。

三、二十四時間べったりしよう。今しかない。
四、可能なお母さんはおっぱいを飲ませよう。ミルクは抱いて見つめて飲ませよう。
五、「赤ん坊は泣くもの、泣くことしかできない」と悟ろう。泣く子を抱えて泣く、そんな日があってもいい。必ず笑って話せる日が来る。
六、父親の役割は「母と子」を丸ごと包み込み、支えること。
七、子どもの前では喧嘩はしない。
八、幼稚園・学校行事には必ず参加しよう。そこにいるだけで価値がある。
九、家族全員の誕生日のお祝いをしよう。お父さんのお誕生日もお母さんのお誕生日も。
十、一日は「おはよう」で始まり「おやすみ」で終わろう。

遊び編

一、一緒に遊ぼう。

二、外で遊ぼう。
三、汗をかかせよう。ドロドロになってもいいじゃない！
四、思いっきり遊ばせる。我を忘れて遊ばせる。一日中、子どもと、我を忘れて遊んで夕食の仕度ができない日もある。そんな日があってもいい。それが幸せな日になる。
五、家事も遊びだ。
六、おもちゃじゃないものを与えてみよう。完成されたおもちゃはすぐ飽きる。
七、テレビやビデオ、ゲームに子守をさせない。電子メディアは「お～よしよし」とは言ってくれない。
八、食べ物であやさない。
九、絵本を読んで聞かせよう。読み手も癒される。
十、音痴でも子守唄は歌おう。わたしがそうでした。

食事編

一、テレビを消そう。テレビを消すのは子どもの仕事にしてはどうでしょう。
二、携帯、パソコンの電源を切ってみよう。
三、食事は「いただきます」で始まり「ごちそうさま」で終わろう。
四、楽しく食べよう。楽しくなれば、つばが湧いてきます。
五、一回でも多く家族そろって食事をする努力をしよう。
六、ホカ弁、コンビニ弁当、店屋物は、子どもの食器に移し、飲み物も子どものカップで！
七、忙しいとき、一品でいいから手作りを添えよう
八、間食の習慣はやめよう。子どもがものを口にするのは一日五回。三食とおやつ二回。
九、「ひもじさ」こそご馳走。
十、三食食べさせよう。子どもは食べて成長します。

子どもがつくる「弁当の日」

私は、問題を抱える思春期の子どもたちと十年以上かかわり、「食」にたどり着きました。食卓の豊かさが、子どもたちを育んでいることに気がつきました。「生」を大切にすれば「性」が大切になる。「生」を大切にするためには「食」が大切になる。

そうした中で「弁当の日」に出合いました。

「これだ!!」と思いました。

香川県の高松市立国分寺中学校校長竹下和男先生が、前任校の綾川町立滝宮小学校で二〇〇一年から開始した取り組みです。

その学校では、一カ月に一度は弁当の日です。給食がある学校ですが、あえて弁当なのです。そして、それを作るのは子どもたちです。子どもたちが一人で作る弁当の日、親は一切手伝わない弁当の日です。弁当の日の目的、方法、その意義や効果については、『〝弁当の日〟がやってきた―子ども・親・地域が育つ香川・滝宮小の「食育」実践記』、『台所に立つ子どもたち― 〝弁当の日〟からはじまる「くらしの時間」 香川・国分寺中学校の食育』をご覧ください。

子どもたちは、実に生き生きと素敵な弁当を作っています。子どもたちが、お昼休みに自作弁当を広げる姿を想像しただけで勇気がわいてきます。学んだことは、果てしなく未来につながっているに違いありません。

また、この「弁当の日」は家族の会話を増やしました。子どもがほめられる日になりました。私が大好きな、「弁当の日」に取り組んだ、子どもの感想を紹介します。

ひじき。そうだ。私はひじきご飯に挑戦することに決めた。しかし、家に帰ってお母さんにひじきご飯はどう作るのか聞くと、実はお母さんもひじきご飯を作ったことがなかった。頭に大きな穴がポカンとあいたような気分におそわれながら、私は一生けんめい考えた。ゆでるのかな、あげるのかな、むすのかな、たくのかな、いためるのかな。そうだいためればいいんだ。

　フライパンをあたためて、油をひいて生のひじきを入れ、いためた。しょうゆとさとうを入れてみた。これでいいのかと不安を感じながらではあるが、色は同じ、見た目は同じである。それをあたたかいごはんにまぜた。そう、見た目は給食のひじきご飯にそっくりだ。よし、楽しみだ。わくわくしながらお弁当の時間を待った。

　お昼だ。さあ食べるぞ。食べたらめちゃまずかった。しかし、友だちにはそんな顔は見せられない。心で泣いて、顔で笑って食べた。まわりの友達はおいしそうに食べている。私は最後まで食べた。だってどんなにまずくっても自分で作ったんだし、材料がもったいない。

　それともうひとつ。「お弁当の日」はお父さんの笑顔に会える日にもなりました。だって、私が心を込めて、お父さんにも弁当を作ってあげるからだ。お父さんはいつも、全部食べて、空の弁当箱を持って帰ってきて、「礼花《あやか》、おいしかったよ」と言って笑ってくれます。私は思った。あのひじきご飯のときも、おいしかったよと言ってニッコリしてくれた。お父さんゴメンネ。今度はもっと美味《おい》しいものを作ってあげるね。文句ひとつ言わずに笑ってくれたお父さん。お父さんのやさしい心が私にはとてもうれしかった。そしてますますお父さんが好きになった。

こうして弁当の日は家族の時間を取り戻す日にもなりました。そんな豊かな時間を過ごし、食事を作ることがどんなに大変か分かった子どもは給食も残さなくなりました。ちなみに、残飯をなくすために子どもたちに食事調査をしても、メニューを変えても残食はなくなりません。しかし、弁当の日実践校では、残飯がほとんど出ません。

お弁当の日実践校に、二つの父子家庭がありました。そのお父さんの一人は、「弁当の日」のためにお料理教室に通い始めました。もう一人のお父さんは、弁当の日の前日に、離婚したお母さんを連れ戻しました。この子どもの感想文は「弁当の日は嬉しい」です。弁当の日実践校の一期生のお兄ちゃんは、脳梗塞で倒れたお母さんの代わりに食事を作っています。その弟も、お弁当の日を経験し、お兄ちゃんに連れられて買い出しを手伝っています。

「家事ができる子」「家庭で家族の時間を取り戻す」。私はそんな子どもたちが育つ弁当の日が大好きです。たくさんの学校で実践されていくことを願っています。

大学生にもひろがる「弁当の日」

二〇〇七年四月二十一日、「大学生による大学生のための食育ワークショップ―花よりお弁当の日」が実施されました。

竹下和男先生が始めた、小中学生による「弁当の日」に触発されて、「大学生も負けておられぬ」と、弁当を作り始めた大学生たち。九州大学、福岡教育大学、西南女学院大学短期学部の学生を中心に実行委員が結成され、ワークショップ（参加型学習）が企画されました。私はその講師を担いました。このワークショップには、なんと、九州全域の十以上の大学から八十人もの学生が集まりました。圧巻は、参加者八十人による一品持ちより形式の「弁当の日」。四月の青空の下、新緑の芝生の上に、八十人の大学生の手作り弁当の〝花〟が咲きました。

八十人の大学生による手作り弁当の日。その光景だけでも、すごい迫力です。

私は、この大学生による「弁当の日」を心から応援しています。その理由。こうした大学生は近い将来、親になる可能性があるからです。

竹下先生が「弁当の日」を思い立ったきっかけはこうです。

竹下先生の中学校のPTA役員が勤めるドラッグストアには、昼時になると、近くの高校の生徒がスナック菓子とジュースを買いに来るそうです。ある日「毎日、買いに来てくれて嬉しいけど、たまにはまともなもんも食べなあかんよ」と注意しました。すると、その高校生は「そんなもん、誰が作ってくれるというんじゃ」と言い返したそうです。この荒い言葉は、子どもの心の空腹感を象徴する言葉です。

そんな子どもたちが既に母親になってています。自分がしてもらってないから、自分もしてやらないという連鎖ではなく、自分がしてほしいことを、自分ができるようになり、自分の子どもにしてやってほしい。その第一歩が弁当の日です。

「やっぱりたくさんの人と一緒にご飯を食べるのは楽しいです。家だと一人暮らしなので一人で短時間で済ませてしまうけど、今日はいろんな種類のものを時間をかけて食べたので、すごく楽しかったです！　私が作ってきたものを「おいしい！」と言ってもらえたので、やる気が出ました」（女子大学生）

「色とりどりの料理をたくさん食べることができて良かったです。私はあまり考えずに自分の好きな物を作ってきたのですが、みんな色や盛りつけを工夫していて、私ももっと人のために作るということを意識すれば良かった、と反省しました。お弁当の日はがんばりたいと思います！」（女子大学生）

いずれ、それも近い将来、親になる可能性のある大学生が、「誰かに食べさせる喜び」を知っている。「誰かが喜んでくれる喜び」を知っている。それは、とても素晴らしいことです。彼ら、彼女たちは、きっと素敵な親になると思います。そこに生まれた子どもは、幸せに育つと思います。

だから、弁当の日に取り組む大学生は、私にとっては希望の光であり、その取り組みについても応援したいのです。

第六章

私の家族

内田美智子

長女の一人暮らし

産婦人科医が夫、助産師が妻の私、自宅は病院に隣接しています。妊婦が深夜に産気づけば、夫婦そろって扉の向こうの病院に飛び出します。

子どもたちが小さい頃の話です。深夜に夫婦で病院に出かけ、出産が終わり、家に戻ってくると、三人姉弟の三つあるベッドの二つが空っぽ。「どこに行ったの！」と見回すと、長女のベッドに妹、弟が潜り込んで寝ていることがありました。家に戻ってくると、三人が輪になって抱き合って泣いていることもありました。

「子どもが泣いているのは、お母さんを求めているときだから抱いてあげて」という話をしますが、内田家ではそれができないこともありました。

家事や食事にしてもそうです。家事をお手伝いさんにお願いしたり、食事を病院の料理長に頼ることもありました。

そうすると当然、子どもに家事の手伝いをさせるという機会は減っていきます。

長女が大学に合格し、一人暮らしを始めました。家事手伝いをあまりさせてなかった長女の一人暮らし。

最初は、やっぱり料理は下手で外食も多く、片づけも上手にできませんでした。私も親バカぶりを発揮し、掃除に行ったり、料理を作ってタッパーに詰めていったりしていました。

私が家事をさせていなかったからと反省しました。

しかし、一年もしないうちに、長女は自分で料理をするようになりました。これまで、ずっと食べさせられてきたものを食べたくなったのだと思います。それから、夫に似て財布のひもが固い長女は、外食がいかに不経済であるかが分かったらしいのです。

友達の影響も大きかったようです。自分で生地から作ったピザを焼く友達。毎週末に、小さなオーブンでパンを焼く友達。そんな、料理の才能にあふれた友達を見て「同じ年なのに、あんなに料理ができるんだ」と刺激を受けたようです。

そして今では、食べ物の価値観が同じ人を友人として選んでいることに気がついたと話します。

それ以来、料理作りは友達に聞いたり、自分で本を買ったり、実家に帰ってきたときに習ったりして、学んでいます。

最近では、カボチャやイモの煮物を自慢するようになりました。

「洋食は時間がかかるわ。時間がないときには魚の煮つけよね」なんて言うようにもなりました。

食べさせられてきたものを食べたくなる。その食事の力に、家事をさせてこなかったことに負い目を感じていた私は救われました。

そして「こんなふうに食事をおいしそうに食べる人、初めて見たわ！」「こんなに仲のいい家族見たことないわ！」という長女の友人の言葉にも救われました。

第六章
私の家族

長女の二十歳の誕生日に

いつも、「先に死に逝くものとして、一人で生きていける子どもを育てる」必要性を考えています。わが子を見ながら、「その務めを果たせているだろうか？」「子育てはうまくいったのだろうか？」「本当にこの子を残して死ねるだろうか？」と、いつも考えています。

私は、二〇〇六年夏に、少しだけその答えをもらったような気がしました。夏の暑い日に、長女は生まれました。それから二十年が経ち、彼女は二十歳の誕生日を迎えました。

ちょうど夏休みの帰省中で、夫婦、長女、二女、長男の家族五人がそろいました。私も夫も外出できない日だったので、娘のリクエストにこたえ、庭でささやかな家族だけのバーベキュー・パーティーでお祝いをしました。

「小さい頃はあーだった、こーだった」と話すうちに、十七歳の二女が長女に一枚の紙を渡しました。

そこには、「今からあなたはトレジャーハンターです。宝物探しをしてください」と書かれていました。長女は、まず最初の指令でお風呂場に行き、次の指令を受け取りました。そこには「お座敷に行き、お仏壇の前に座りましょう。そして、おじいちゃん、おばあちゃんに二十歳の報告をしましょう」と書かれていました。

座敷から、長女の叩く鈴《りん》の音が聞こえました。座敷では、「二階の自分の部屋に行き、次の指令を探しましょう」と書かれた紙を受け取りました。このとき長女は「きっと部屋の机の上にプレゼントが置いてあるにちがいない」と思っていたようです。

しかし、部屋に入ると机の上には「窓の外を見て！　そこにあなたの宝物があるはずです」と書かれた紙しかありません。

窓の外に見えたものは、残り四人の家族がバーベキューを囲む姿でした。紙の続きには、「あなたの宝物は家族です。二十歳のお誕生日おめでとう」と書かれていました。

二女は、本人の強い希望により、十五歳で私たちの手元を離れ、イギリスに留学しました。泣いてもわめいてもどんなに辛くても、そう簡単には帰ることができない遠い国です。そんなところで家族を思いながら過ごした二女ならではの思いと、二階の窓から「私の宝物〜、今日はありがとう」と叫ぶ長女と、焼き肉をほおばりながら「俺のときはどんなお祝いしてくれる?」という長男に、私は「親の務め」についての問いの答えをもらったような気がしました。

内田家のサンタクロース

内田家には二十年間サンタクロースがやってきています。二〇〇六年のクリスマスも、サンタクロースはちゃんとやってきました。

内田家のサンタクロースは、毎年、プレゼントにカードをつけてくれます。しかし、二〇〇六年夏に二十歳になった長女の部屋にはカードだけ。そこにはこう書かれていました。

「サンタクロースは子どもにささやかな夢と希望とプレゼントを運んできます。あなたは今年、二十歳になりました。もう、あなたのところに来ることはできません。夢と希望を叶えたいと思えば、自分の力と、少しだけお父さん、お母さんに手伝ってもらって叶えてください」（二十年間、あなたのもとに通い続けたサンタより）。

それを読んだ長女は「おかあさーん、もうサンタ来ないってぇー」と涙声。隣の二女の部屋に行き、「あんたプレゼントある？」。

二女は今年、あろうことか「ヴィトンのバッグが欲しい」とサンタにお願いしていました。本人はもちろん、はたしてそんな願いが叶うのかどうか、家族みんなが注目していました。

次女の部屋にはプレゼントとカードがあり、そのカードにはこう書かれていました。

「サンタクロースは子どもにささやかな夢と希望とプレゼントを運んできます。したがって、あなたの希望を叶えることはできません。あなたに見合ったプレゼントを持ってきました」（けちんぼのサンタより）。

それでも次女は、「よかった、あと三年はサンタが来る」と胸をなで下ろしていました。

そして二人は、長男の部屋へ。長男は、七百円くらいのささやかなプレゼントをサンタにお願いしていました。

「サンタクロースは子どもにささやかな夢と希望とプレゼントを運んできます」

（正直者のサンタより）

内田家のサンタクロースは、サンタを信じる子どもにしかやってきません。

小さい頃からずっとそう言っているのに、小学校三年生くらいになると、「友達が、『サンタはお父さんとお母さん』って言いよった」とサンタを疑うようになります。姉弟で「朝まで起きてよう」と相談したり、「今年はサンタに何のプレゼントを頼むの？」と尋ねても、「なんでお母さんに言わんといけんの」と答えない年もありました。

その年、サンタは「今年は来ることができませんでした」とカードだけを置いて帰りました。「ほらね、あなたたちの中に疑う心があったからよ」と言うと、子どもたちは「カードを置きに来るなら、プレゼントも持ってくればいいのに！」と大騒ぎ。

それから十数年が過ぎて、長女が二十歳になった年のクリスマス。

「サンタは、サンタを信じる子どものところにしかやってこないのよ」と言い続けた父と母。「我が家にサンタがやってくるのもあと五年だなあ」と指を折った日でした。

大切な大切な家族

人が喜んでくれることが嬉しいと感じる。そんな価値観を同じくする尊敬する夫と出会い、三人の子どもを授かりました。子どもを産んだときに初めて「愛おしい」という言葉の意味が理解できました。私がこの世に生まれてきた証ができたと心底思いました。

この原稿（初校）を夫にチェックしてもらっていると、一カ所だけクレームがつきました。『内田先生の講演は年間五十回を超え…』の部分です。

「正直に言いなさい。五十回じゃないでしょう?」

「いいじゃん。だいたいこのくらいだから」

「正直に言いなさい」

「な、七十回くらいかな?」

「正直に言いなさい。留守番をしている僕としては、これははっきりしてもらわなくっちゃ」

「…昨年度は百五回でした」

家族は今まで私がどこに行こうと、何をしようと、ほとんど反対することも否定することもなく、送り出してくれました。認めてくれました。見守ってくれました。

私が人前でしゃべることができるのも書くことができるのも、家族が認めてくれなければ、できなかったことです。

この世界で何事があっても私を見放さないであろう「産んで育ててくれた両親」と「尊敬する夫」、そして、「愛おしい三人の子どもたち」に感謝します。

イギリスに留学中の娘から、愛の言葉をもらいました。最後に、家族への感謝を込めて紹介します。

お母さんへの詩「Dearest」

内田　華代

いつもはボールのように丸いけど

ときどきはバラのトゲのよう
いつもそばにいてくれた
悲しいときには暖かく抱きしめてくれた
傷ついたときにはおぶってくれた
嬉しいときには一緒にはしゃいでくれた
悪いことをしたときは頬に赤い痛みを与えてくれた
たくさんの愛情
だけど、何度も何度も反抗した
私は言う
自分のことくらいできる
何だってできる
真っ暗な夜の中

やさしい月のように見つめてくれている
いつもそばにいて
もし鳥のように羽があったら、
今お母さんのもとに飛んでいきたい

Dearest

Hanayo Uchida

Round as a ball
Sometimes become rose's thorn
Stayed with me
Hold me warmly when I was sad
Carried me on a back when I was hurt
Bounced with me when I was happy
I felt pain on my red cheek when I did wrong
Lot's of affection
I resisted again and again
" I can do anything anything about myself. " I said.
Keeping eyes as a mild moon open in the dark sky
Stay by my side
If I can flap as a bird, I will fly to your side.

終章

親になる前に

佐藤　剛史

私の思春期──恥ずかしさの意味

内田先生から、最近の性教育について話を聞きながら、自分が思春期だった頃を思い出す。

小学生のときは、男子に性教育はなく、五年生か六年生のときに、女子しか聞けない「秘密」の授業があった。学年集会の後、女子だけ体育館に残されて、しっかりとカーテンまで閉められての秘密の授業。女子しか聞けないなんてとても気になる。

男子は「何の授業やったん？」と女子に尋ねる。女子は「整理整頓の話よ」と軽く受け答えていた。男子は何かおかしいと思いながらも、ふ～んと言うしかなかった。今からすれば、あれが月経教育だったんだと分かる。

中学生になって、保健体育の時間に二次性徴などについて教えられたが、単なる現象について淡々と説明されたに過ぎず、「そんなこともう知ってる」と思った記憶しかない。

いくつのときか、はじめて夢精を経験したとき、「どうしよう」と慌てふためいた。大人になって話を聞けば、「病気になってしまった！」と思った人もいるという。頭では分かっていることも、いろんな知識も、戸惑いや不安や恥ずかしさを抑えるのには何の役にも立たなかった。

親にも相談できなかった。

私の両親は性に関しては厳しかった。家の中で性の話がされたことはなく、女性の裸が少しでも載っているような週刊誌さえなかった。ベッドシーンがあるようなテレビでの映画も、チャンネルを変えられた。

だから性は、すごく恥ずかしいものだという認識があった。親に相談できる訳もなく、戸惑いや不安や恥ずかしさを抱えて思春期を過ごした。今からすれば、ちゃんとした性教育を受けていれば、もう少し違った思春期を過ごせたかもしれない、と思う。その性教育とは、単なる現象について淡々と説明されるだけではなく、同性の専門家に相談できる、あるいは同性の先輩としての話を聞くというようなものだ。

また、有り余る興味をどのように解消するかが大きなハードルだった。

三十代以上の男性は、誰もが、いわゆる「エロ本」を買うのにも苦労したのではないだろうか。売っているところ自体少ない。少しでも大人に見えるようにと、服選びから気を遣うし、そのコーナーに足を踏み入れるだけでも、ドキドキ。どの本に手を伸ばすのか。それが次のハードル。何冊も手に取り、吟味できるような度胸はないので、最初の一手がすべてを決める。レジにもっていくのが最大のハードルで、本屋を出た後は逃げるように一目散に自転車を漕ぐ。店に入って店員が女性の場合は、その一つも行動に移せず、すごすごと店を出る。

大学に入り、一人暮らしをはじめ、「やっとアダルトビデオを借りられる、見られる」と思っても、レンタルビデオ屋にも、いくつものハードルがある。

しかし、今は違う。

相当に過激な雑誌や漫画もコンビニで買える。

最近の男子大学生に聞けば、レンタルビデオ店でアダルトビデオなんて借りないのだそうだ。「どうしてんの?」と聞くと、「インターネットでダウンロードです」。

ある調査では、高校一年生の四一・六%が、中学生時代にインターネットのアダルトサイトにアクセスしたことがあるという。

あんな恥ずかしい思いをしなくてすむなんて、少し、うらやましいような気もするが、「それでいいのか?」という気もする。

私は、そうしたいろんなハードルを乗り越えて、大人になれたように思う。恥ずかしさも達成感も落胆も、いっぱいいっぱい味わって大人になった。そのベースには、常に恥ずかしさがあったように思う。それはやはり、家庭で培われた「性は恥ずかしいもの」という意識だ。

内田先生に、こんな話をすると「それでいいんです。性は恥ずかしいものなんです」と答えてくれた。

「性は恥ずかしいもの、秘め事だったんです。そして秘め事だから、ずっと大事にされてきたんです」

泣くなんて恥ずかしい

性のこと。いまの中学生たちはどう受け止めているのだろうか。

ある中学校での性教育。内田先生に同行した。

これまで、大学生向け、親向け、教員向けの講演は聴いた。中学、高校の生徒対象の性教育、生教育。本丸であるし、真骨頂である。

一時間は中学三年生対象、次の一時間は中学二年生対象というプログラムだ。興味津々であった。中学生が内田先生の話を聞いてどんな反応するのか。

そして期待していた。内田先生の感動的な話を聞けば、スライドショーを見れば、悪ぶっている生徒も大人ぶっている生徒も、どんな生徒も感動して素直になり、いろんなことを考えてくれるはずだ。

だって大人がハンカチ無しには聞けない話ばかりである。まだまだ感性の鋭い子どもたち。きっとしっかりと受けとめてくれるはずだ。

甘かった。

私が予想していた反応と、実際の生徒の反応は全く違った。

スライドショーが始まる。周りにいる教員は、目頭を押さえ始めているのに、生徒はスライドに集中できなくなっていく。話が核心に迫れば迫るほど、生徒はソワソワし始める。私の涙は止まらないのに、生徒たちは周りにちょっかいを出し始める。話に引き込まれる生徒も当然いるが、そうして体育館が静まり返れば静まり返るほど、居眠りする生徒も増えていく。うつむく生徒が増えていく。

感動する、感動しない以前に、聞いていない生徒、聞こうとしない生徒、聞くことができない生徒が大勢いるのだ。

最初は、がっかりしながら、そんな生徒を眺めていた。こんなに素晴らしい話を、なぜ大切に受け止めることができないのだろうか、と。

しかし、じっと見ていると、聞いてない生徒の中には聞いている生徒がいることも分かった。つまり聞いていないフリをしているのである。

中学生。

泣くなんて恥ずかしい。そんな時期である。

友達の前で絶対に涙なんて見せられない。そんな時期である。

泣くなんてヨエー奴。そんな時期である。

「アイツ、泣きよーぜ」と茶化したくなる。そんな時期である。

人目を気にせずボロボロ泣くなんて、三十を過ぎた涙腺の緩いおっさんしかできないのだ。

だから、彼らは、感動的な話を聞いて、「やべぇ、俺、泣いちゃうかも」と思えば、周りにちょっかいを出して気を紛らわす。「俺は、こんな話を聞いても何ともねぇ」と大人のフリをする。「興味ねぇ」と、寝ているフリをして目を閉じる。

彼らは聞いてないけど、絶対に聞いている。

そんな彼らを見ていて、内田先生のメッセージは確実に伝わっていることを確信する。

さて、問題は、本当に聞いていない生徒だ。そんな生徒もいる。

ボーッと一点を眺めていたり、椅子からずり落ちるほどに気だるそうにして、話を聞いてない。

そんな彼らを見ていると、彼らは聞くことができないのだと思う。

父親のこと、母親のこと、自分のこと、性のこと。

耳が痛く、心が痛い。身体も痛いかも。

心が、身体が痛みを感じる前に、そうした話はシャットアウトされるだろう。


内田先生は講演の最初でこう約束する。


見たくなければ目を閉じて構いません。

聞きたくなければ聞かなくていいです。

寝てもいいです。

どうしても耐えられなかったら、体育館から出て行ってもいいです。

「出て行け」ではありません。出て行ってもいいです。

講演の途中、一人の女子中学生が体育館から出て行った。先生に付き添われて。見た目は、いかにも悪い。シャツはスカートの中に入れてないし、襟元も開いている。スカートも腰の部分を折り曲げて短くしている。いかにもだらしなさそうに歩く。

でも、体育館から出て行くその後ろ姿は、すごく悲しくて、すごく寂しそうだった。

本当に内田先生の話を聞くべきは彼女だ。

メッセージを伝えるべきは彼女だ。

内田先生としっかりと話すべきは彼女だ。

でも、体育館ではそれができない。

集団指導ではそれができない。

内田先生の感じてきた「集団指導の限界」が本当によく分かった。

調査データに見る子どもたちの「性」

内田先生の話にはギョッとさせられるときもある。子どもたちの性の現実についてである。その事例のすごさに耳を疑ってしまう。

それを調査データでも確認したいと思い調べてみるが、そうしたデータはなかなか見つからない。プライベートな領域ゆえ、その実情の把握が困難だからだろう。

そうした中、性行動調査のスペシャリストがいた。京都大学大学院医学研究科助教授の木原雅子先生である。木原先生は、「国民性行動調査」「地方高校生性行動調査」「地方中学生性行動調査」「全国高校生性行動調査」などを実施し、これまでに高校生を中心に合計十五万件の調査結果を蓄積している。木原先生の著書『十代の性行動と日本社会―そしてＷＹＳＨ教育の視点』では、その膨大な調査結果の一部が紹介されている。

また、「NPO法人いのちの応援舎」の理事長、山本文子先生は、内田先生と同じく助産師で、全国を飛び回り、性教育、命の教育に関する講演活動をされている。山本先生の著書『いのちの応援団Ⅱ』では、講演を聴いた中学生、高校生の感想文が多数紹介されている。

これらをもとに、子どもたちの性の現実についていくつか紹介しよう。

①性経験率の高まりと初交年齢の早まり

東京都幼・小・中・高・心障性教育研究会が実施している調査によれば、高校三年生の性経験率は一九九〇年代に入って急上昇を始めている。特に女性の変化が大きく、一九九〇年代後半には「男女逆転」という現象が起きた。二〇〇二年時点での性経験率は高校三年女子四六％、男子三七％にも達している（図1参照）〔※1　巻末の参考文献〕。

初交年齢も以前より早まっている。図2は、性経験者中、十代で初交を経験した人の割合を示している。その割合は、若い年齢層ほど大きいことが分かる。

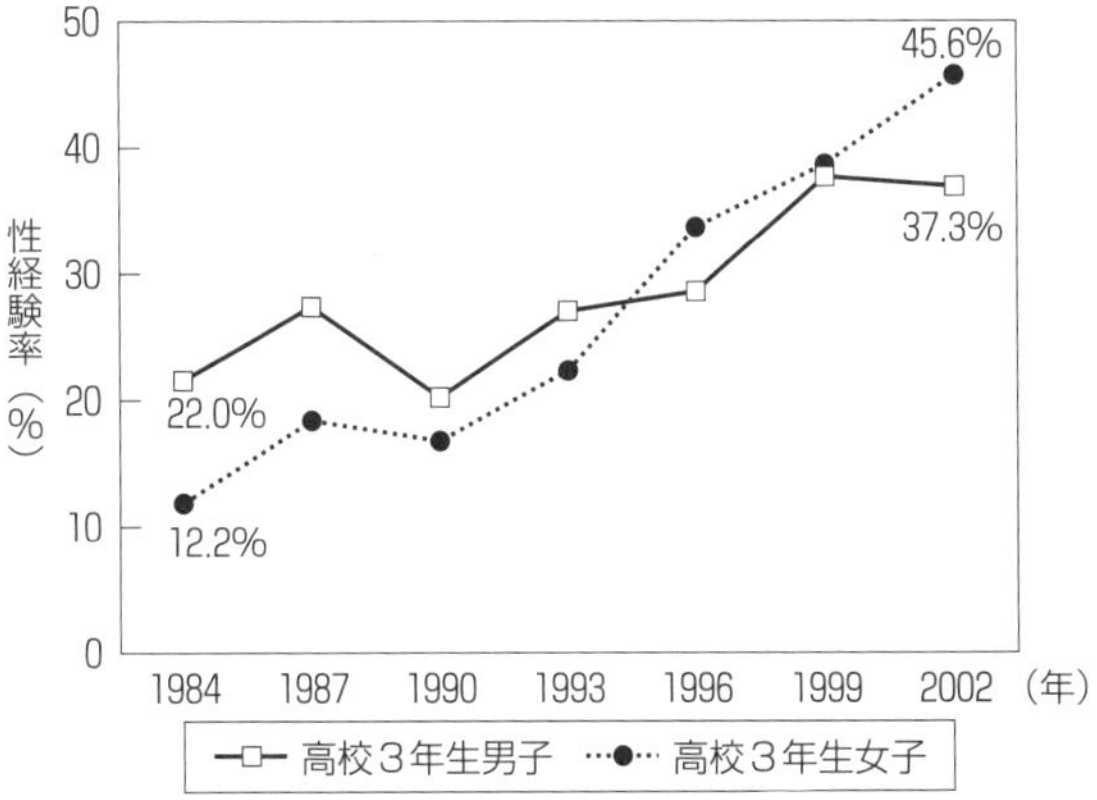

図１　東京都の高校３年生の性経験率の年次推移

出典：東京都幼・小・中・高・心障性教育研究会の2002年調査報告より改編

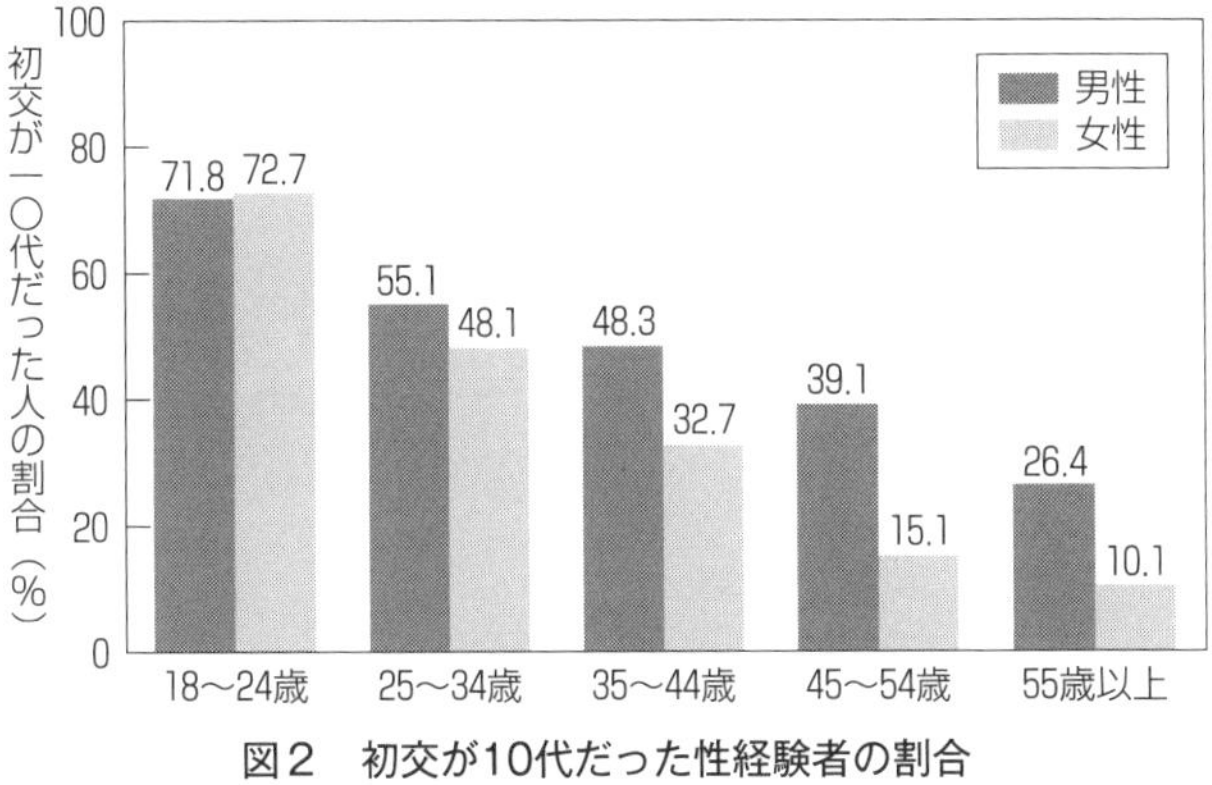

図２　初交が10代だった性経験者の割合

出典：1999年度国民性行動調査，厚生省HIV疫学研究班

十八〜二十四歳の年齢層では、男女差はほとんどなくなり、ともに七〇％を超える男女が初交を十代で経験している〔※1〕。

「私はある時期とても好きだった人にふられて、腹いせのように不特定多数の人とセックスしました。ある日親が、やっている最中に部屋に入ってきて泣きながら言いました。相手の人には『責任もってやってるの？』。私には『体を大切にしてよ』。そのとき私は気づきました。こんな大事な体をなにしてるんだろう」

（高校一年女子）〔※4〕

②性的パートナーの増加と多様化

図3は、高校二年生のデータで、これまでに性関係を持った相手の数を示したものである。それまでの

図3　地方A県の高校2年生の性経験者のそれまでの性的パートナー数
出典：2002年度地方高校生性行動調査，厚生労働省HIV社会疫学研究班

相手は一人という生徒はすでに半数を切り、四人以上という答えが男女とも二〇％程度を占めている〔※1〕。

その交際相手については、高校男子生徒の場合、約九〇％は同じ高校生である。それに対して女子生徒の場合、約七〇％は同じ高校生だが、残りは社会人や大学生、フリーターと多様な相手が登場する。女子の場合、性的ネットワークは一部で大人社会とつながっている（図4参照）〔※1〕。

「深く考えた事はなかったので、たいへんくわしくわかってよかった。今まではたいへん色々な女性とおつきあ

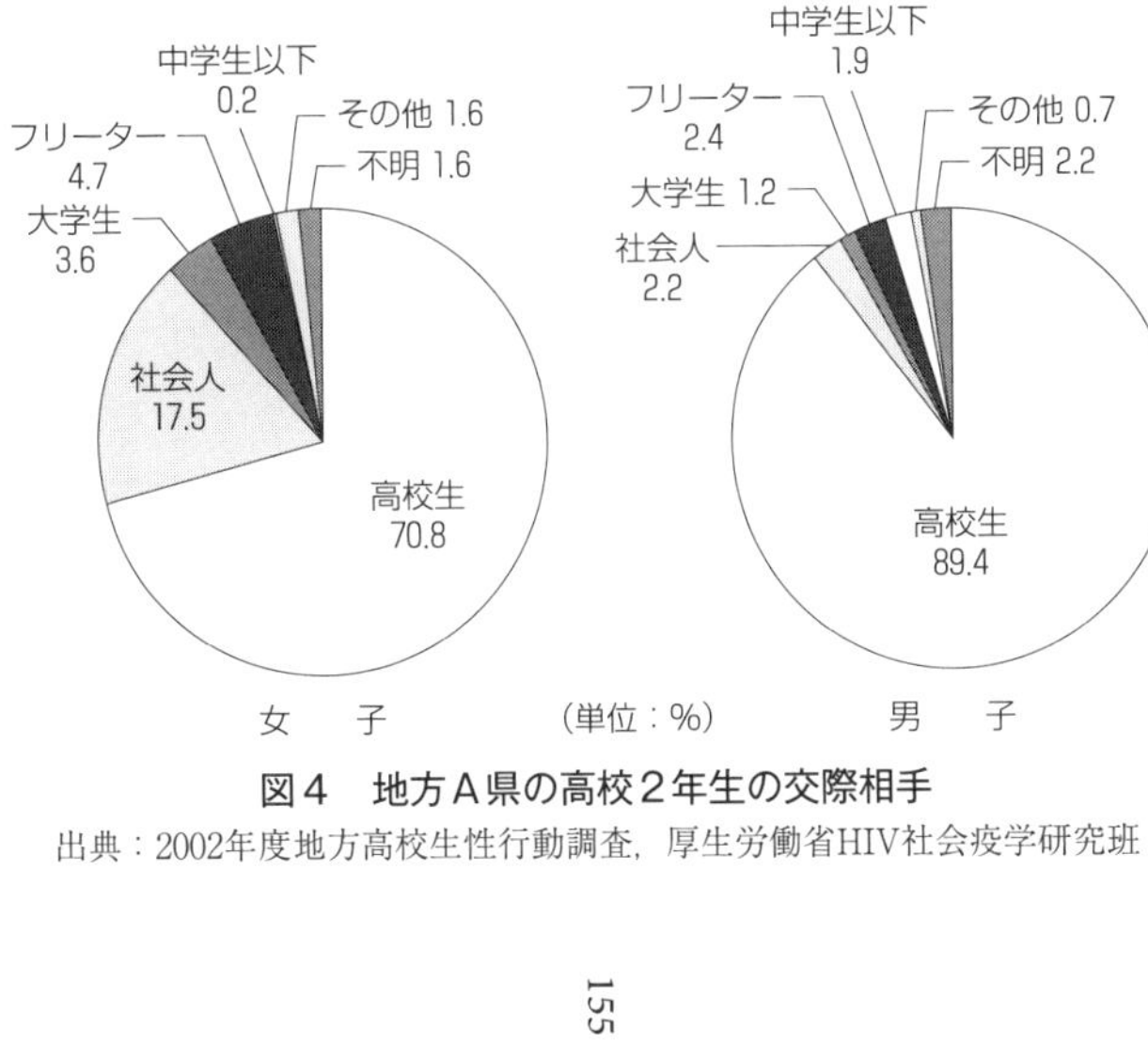

図4　地方A県の高校2年生の交際相手

出典：2002年度地方高校生性行動調査，厚生労働省HIV社会疫学研究班

いしましたが、なんとも思わないまま、とっかえひっかえでした」（高校二年男子）〔※4〕

③性関係に至るまでの交際期間の早まり

性関係に至るまでの期間については、年齢の若い層ほど短い期間に性関係に入る人の割合が多くなっている。図5を見れば、十八～二十四歳の年齢層が突出していて、五〇～六〇％がつきあって一カ月以内に性関係に入っていることが分かる〔※1〕。

「私の母親は結婚するまでセックス

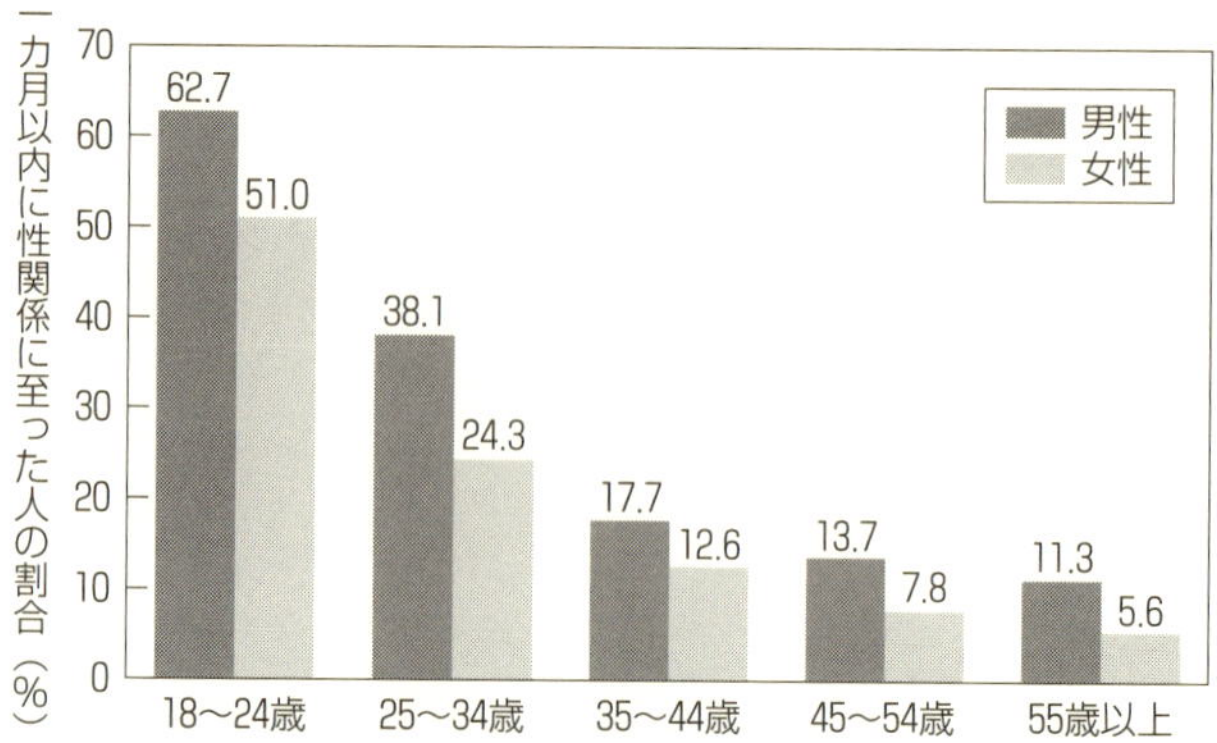

図5　現在の相手と性関係に至る交際期間が1カ月未満だった人の割合
出典：1999年度国民性行動調査，厚生省HIV疫学研究班

はするなと言う人です。最近よく言うようになりました。でも私は半年前から友達なのにセックスをしている人がいます。つき合うということはしないとお互い思っていて、そこに愛はないと思っています。…本当に好きな人とすることなのに、私はなぜこうなったか分かりません。遊びですべきことではないし、本当に好きな人としても、全然感動もなくなりそうな気さえします。多分軽蔑されるでしょう。今はセックスは私にとって、とても軽いものになっている気がしてなりません」（高校三年女子）〔※4〕

④無防備な性行動

地方高校二年生の調査では、毎回コンドームを使用していたのは、性経験者の三〇％にすぎない。ピルを用いている様子もない。

しかも、相手を多く経験した生徒ほど、コンドームを使わないことが調査によって明らかになっている。相手が一人の場合、コンドームの毎回使用者の割合は三〇―四〇％であったが、相手が四人以上の場合、毎回使用者の割合はわずか

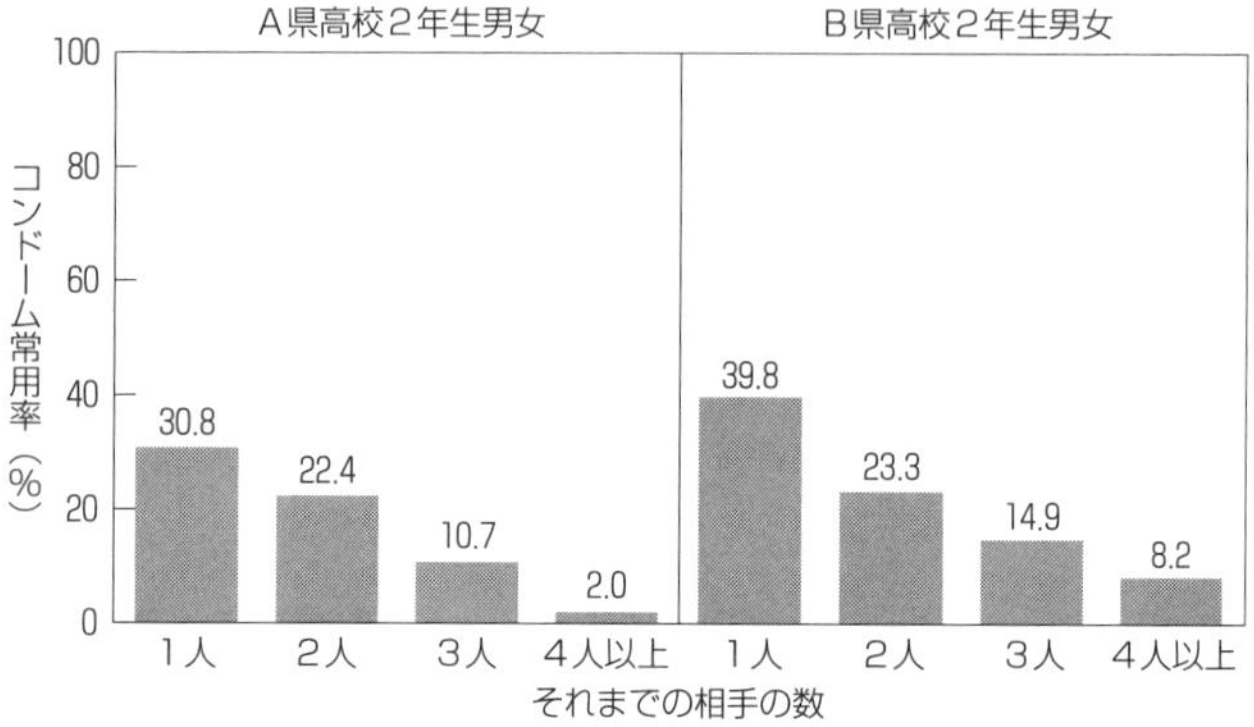

図６　それまでの性的パートナー数とコンドーム使用率の関係

出典：2001年度地方高校生調査，厚生省HIV社会疫学研究班

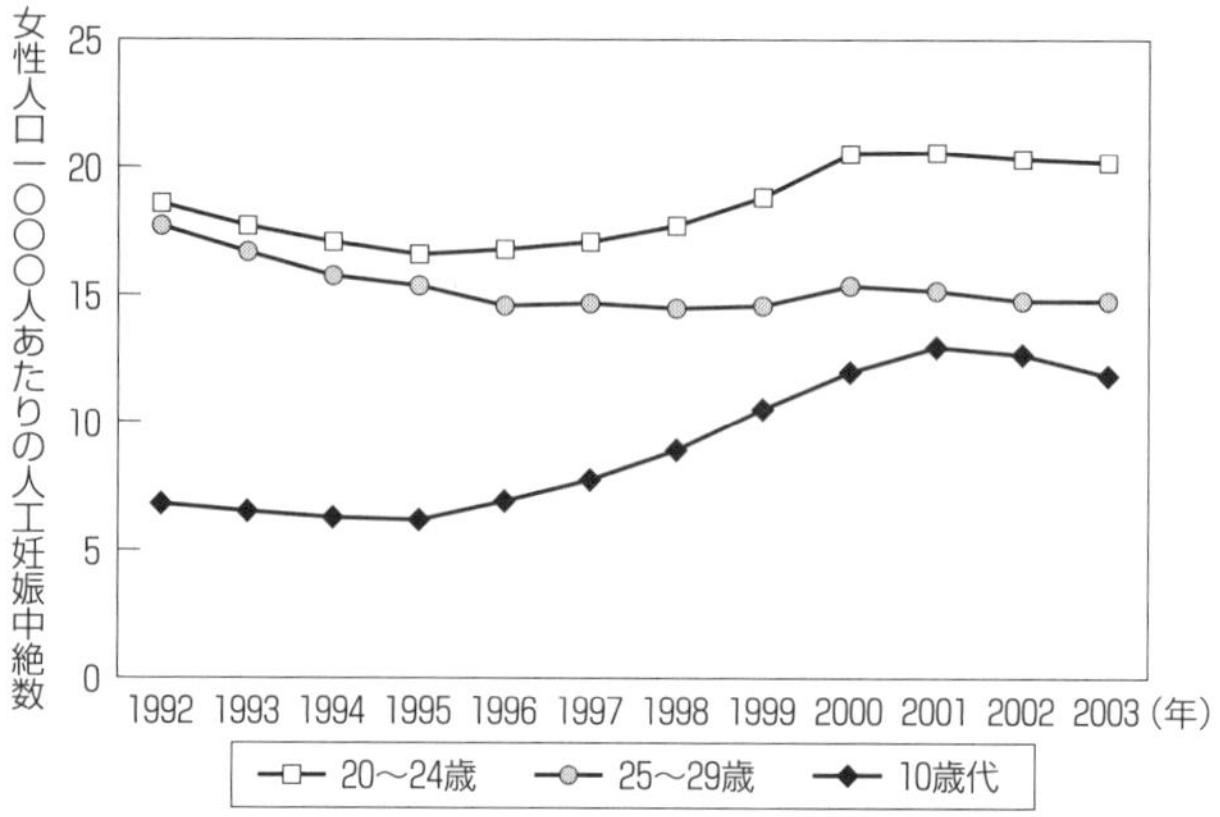

図７　全国の10代及び20代女性の人工妊娠中絶率の年次推移

出典：「母子保健の主なる統計」より改編

数%しかいない（図6参照）〔※1〕。

「私は今までセックスをするときはあまり避妊をしていなかった。中で出さなきゃ大丈夫くらいの気持ちでした」（高校二年女子）〔※4〕

⑤人工妊娠中絶率の増加

わが国の十代の人工妊娠中絶率の推移を見ると、一九九五年まで水平だった線が、一九九六年以降、急激に増加していることが分かる（図7参照）。十代の中絶数は、二〇〇三年では全国平均で、十代の女性千人（性交未経験者含む）当たり一一・八で、これに十代の出産数を加えると、千人あたり合計約十八にもなる〔※1〕。

「私は中学二年のとき、中絶をしたことがあります。私はこのことを誰にも言えなくて、すごく困っていました。親には言っているけど、親は聞いた時、すごくショックそうでした。ふつう大人になって、子どもができたらみんなよろこぶはずが、親はすごく悲しそうでした。親に言うときすごい言いづらかったです。

そんな自分がはずかしかったです。産むこともできず、中絶することになりました。しゅじゅつする前まであまりふかく考えていなかったのですが、しゅじゅつ後、ますいがきれはじめたころ、しぜんに涙があふれだし、とまりませんでした。…その夜ずっと涙が止まりませんでした」（中学三年女子）〔※4〕

⑥性感染症の増加

クラミジアや淋病という性感染症についても、一九九〇年代に入って一斉に増加している（図8参照）。

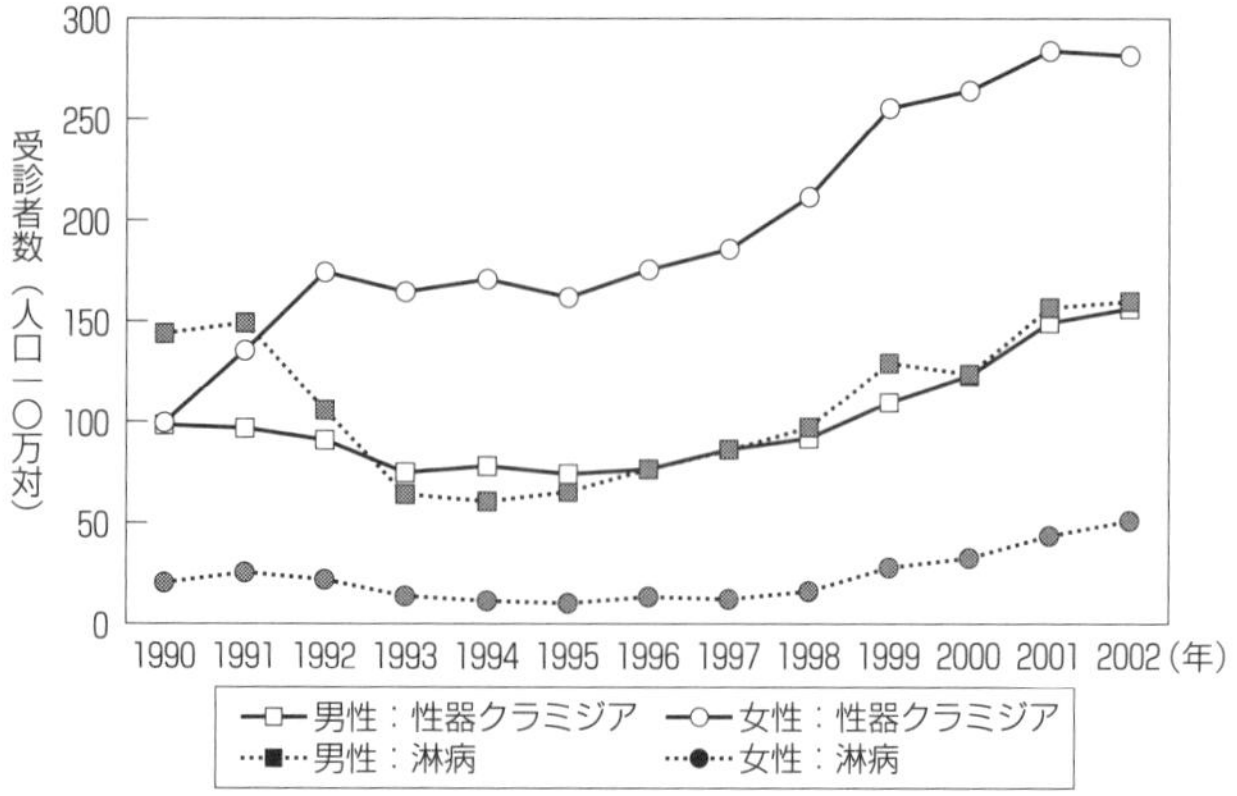

図8　性感染症の年次推移
出典：厚生労働省STDサーベイランス研究班，熊本悦明他

ある地方県全域の産婦人科受診者を対象に二〇〇〇年に行われた「クラミジア感染症調査」では、十代の妊婦の三〇％、非妊婦の四〇％近くがクラミジアの病原体に感染していた。地方大学生や高校生の尿検査で、一〇％近くにクラミジア感染があったという報告もある〔※1〕。

「私もまだ十六歳ながらセックスの経験があります。そして性病になったことがあります。過去に二度も。親にはさすがに言えなくて、悩んだ結果、姉に相談することにし、姉に病院に連れて行ってもらって治すことができました。そのとき『性病なんかになるのはもういやだ』と反省したんです。しかし、私はまた同じことを繰り返し去年の夏、また性病をもらってしまいました。ある日、いきなり激しい痛みが症状として出たのでスグ病院に駆け込んだのです。本当に自分はバカだと思いました。ゴムをちゃんとつけておけば、こんなことにはならなかったのに…と、ものすごく後悔したのです」（中学三年女子）〔※4〕

赤ちゃんの力

講演の中で、親に対し「子どもたちを抱きしめてください」と何度も繰り返す内田先生。「内田産婦人科医院に行けば、子どもたちが親に対し、何を求めているのかが分かるかもしれない」。そう考え、二〇〇七年春、同医院を訪れた。

玄関のドアをたたく前に、内田先生が笑顔で迎えてくれた。どうやら玄関で待っていてくれたらしい。初めて訪れる産婦人科だっただけに、正直、足を踏み入れてよいのかどうか、戸惑う気持ちもあったので、内田先生の心遣いが非常にありがたかった。

靴を脱いですぐ「赤ちゃん見ますか?」と新生児室の前に案内される。

ガラス越しに生後五日の赤ちゃんが二人いた。同医院は、母子同室を基本としているだけに、新生児室で二人の赤ちゃんと対面できるとは、めぐり合わせがいい。

「赤ちゃんは全部同じに見えるなんて言うけど、全然違うでしょう?」と内田先生。

うーん。結構、同じに近い。しかし、あまりのピュアピュアさに目を離せずにいると、まるっきり別人に見えてくるから不思議だ。

しばらくすると一方の赤ちゃんがぐずり出した。新生児室の中にいた看護婦さんが、おくるみして、優しく抱きかかえる。

すると不思議なことに泣きやむ。

そうすると、もう一方の赤ちゃんがぐずり出す。看護婦さんは、泣きやんだ赤ちゃんをベッドに戻し、もう一方の赤ちゃんを優しく抱きかかえる。

すると不思議なことに泣きやむ。またまた、泣きやんだ一方の赤ちゃんが泣き出して…。

モグラたたきのように「泣く」&「抱っこ」。

私はそんな光景を初めて見た。なぜ、抱かれると泣きやむのか。なぜ、ベッドに戻されると再び泣き始めるのか。本当に不思議である。

新生児室の前で赤ちゃんを見つめ、赤ちゃんになりきって考えてみた。

私は赤ちゃんである。
まだよく目は見えない。
見えるものが何かもよく分からない。
一人では何もすることができない。
一人でご飯を食べることもできない。
液体を吸うことはできるようだ。
しかし、口に入れてくれなければ吸えない。
敵が来たって闘う力はない。
でも、信じられないくらい握力だけはある。
生き残るためには、絶対に母親の力が必要である。
そういえば母親が近くにいないような気がする。
ま、まさか！？

ひ、一人では生きていけない。
母親を呼ばなければ。
こうして母親をちゃんと呼べたものだけが生き残ってきたのだ。
泣け、叫べと先人たちが心の中で教えてくれる。
泣こう。叫ぼう。
そうすれば絶対に母親が来てくれる。
……
ふぅ～。成功。
安心、安心。
抱かれると命の安全を感じる。
守ってくれる母親が近くにいるということだからな。
と思ったら、ベッドに置かれたぞ。
あら⁉ 隣の似たオーラを発しているヤツを抱いているではないか。
どうしよう。

び、一人では生きていけない。
母親を呼ばなければ。
こうして母親をちゃんと呼べたものだけが生き残ってきたのだ。
泣け、叫べと先人たちが心の中で教えてくれる。
泣こう。叫ぼう。
そうすれば絶対に母親が来てくれる。

抱かれていないと泣くのは、赤ちゃんの動物としての防御本能だろう。私にとってては不思議な、モグラたたきのような「泣く」&「抱っこ」も赤ちゃんにとっては当たり前の話かもしれない。本能とは本源的な欲求だから、それは満たすべきというか、満たさなければならない。そうでないと、たくさんの不安と不満を抱えてしまうはずだ。

これは、実は医学的にも実証されている。新水巻病院の白川嘉継先生（周産期センター、センター長）は、次のような実験結果を紹介してくれた。

実験一

元東大教授の小林登先生のグループが行った実験である。乳児の額の温度をサーモグラフィーで測定し、赤ちゃんの緊張状態を調査する。生後九、十三、二十九週の乳児を対象に、それぞれ母親と五分間同じ部屋で過ごす。その後、母親が部屋から出て行くといずれの赤ちゃんも体温が下がった。

これは、交感神経が緊張し、皮膚の血管が収縮して皮膚の体温が下がったためである。この交感神経とは、意思にかかわらず働く自律神経の一種で、恐怖を感じたときに働き、体を緊張状態にする。決して心地よいときに働く神経ではない。

母親が戻ってくると生後九週目の乳児では体温が下げ止まった。十三週目の乳児は母親が戻ってくる前に体温が上がり始めたが、元の体温には戻らなかった。二十九週目の乳児は母親が戻ってきても、さらに体温は下がり続けた。

生後八週目以降の乳児を集めて同じような検査してみても、母親が五分間一緒の部屋にいて、母親がいなくなるとやはり体温は下がる。つまり、母親がそばにいなくなると、生後間もない乳児でも強い緊張状態に陥ることがわかる〔※2〕。

実験二

別な実験データもある。ラットの赤ちゃんを母親から引き離したときの分離反応を調べてみると、母親ラットから離された赤ちゃんは最初、一生懸命に泣く。しかし、しばらくすると泣きやんでしまう。これは、天敵に見つからないようにするためのラットの本能である。

泣いているときに助けてもらえないと、恐怖ゆえ、副腎皮質からグルココルチコイドが大量に分泌される。その量は通常の一〇〇〇％ほどまで増加する。

そのグルココルチコイドは脳の海馬や扁桃体、小脳虫部、脳梁などに作用する。海馬とは記憶とストレスの中枢であり、扁桃体は情動の中枢である。これらにグルココルチコイドが作用して神経細胞を消失させると、学習能力が低下したり、キレて暴れるようになったり、ストレスに弱くなったりする可能性がある〔※2〕。

「抱き癖がつく」などと言って、赤ちゃんを抱っこしない母親がいるという。それは間違いだったのだ。赤ちゃんをストレスなく育てたいと思うなら、まず抱っこである。記憶力のよい、頭のよい子に育てたいなら、まず抱っこである。

オキシトシン

もうひとつ、「抱っこ」と同じような興味深いデータがある。内田先生に誘われ、ある勉強会で新水巻病院の白川嘉継先生（周産期センター・センター長）の講演を聞いたときのことだ。それは、内田先生の「授乳の風景」「ふれあいのオーラ」の考え方を、科学的に説明したような内容だった。その一部を紹介しよう。

男女間の愛情は本能である。しかし、親子の愛情は本能ではない。それゆえ、親子の愛情は育まなければならない。

では、どうやって育むか。

「授乳」が大事なのである。

授乳するときに母体血中にオキシトシンが分泌される。面白いのは、お母さんが赤ちゃんをじっと見つめて授乳すると五分に一度、オキシトシが分泌されるが、テレビを見ながらだったり、携帯メールをしながらだったりすると、オキシトシンは分泌されにくい。

オキシトシンは母乳中にも分泌される。つまり、赤ちゃんは母乳を通じてオキシトシンを摂取することになる。また、心地よい感覚を与えられた乳児は、脳内でオキシトシンが分泌される。

ではオキシトシンとは何か。

オキシトシンとは「特定の相手に対して愛着の形成を促進するホルモン」である。興味深い実験結果を二つ紹介しよう。

実験一

スイスのチューリッヒ大学のKosfeltは、このオキシトシンが人の信頼度を高めるという証拠を見いだした（Michael Kosfeld et al., Oxytocin increases trust in humans, Nature, .435, pp 673-6, 2005）。

研究チームは、五十八人の男子学生を対象に、合成したオキシトシンと偽薬を鼻に噴霧し、受託人（他人）にお金を預ける投資ゲームを行った。受託人を信頼してどのくらいお金を預けるかを比較したのである。その結果、オキシトシンを噴霧されたグループの四五％が、もっとも高い投資額を選んで受託人に預け、最も低い額を投資したのは二一％であった。これに対し、偽薬を噴霧されたグループの四五％はもっとも低い投資額を選び、最も高い額を投資したのは二一％と逆転した。

一方、受託人を直接、人の間の相互作用の無いコンピューターに置き換えた場合は、預ける投資額に両グループで差はなかった。

つまりオキシトシンを吸入すると、大胆になるのではなく、他人に対する信頼感が高まるということである。

実験二

一夫一婦制の行動をとるハタネズミ。

オキシトシン（他にアルギニン、バソプレシン）の分泌を止めると、一夫一婦制の行動をとらなくなり、ハタネズミに特徴的な特定の相手に対する強い愛着が失われる。

つまり、授乳を通じてオキシトシンが分泌され、母子の信頼関係、愛着の形成が促進されるのである。しかも、オキシトシンは、ストレスホルモン分泌を抑制する作用がある。オキシトシンによって、赤ちゃんもお母さんもストレスから守られるということだ。脳がストレスから守られた赤ちゃんは、記憶力のよい、頭のよい子に育つという。

「抱っこ」「授乳の風景」「ふれあいのオーラ」。内田先生が、経験として、また実感として掴んできた考え方は、いずれも科学的に証明されている。

我慢の力

内田先生は、親が我慢することの大切さ、子どもに我慢を教えることの重要性を訴えている。

あるシンポジウムで、福岡教育大学名誉教授の横山正幸先生（発達心理学）から、「我慢」に関する興味深い話を聞いた。

横山先生は、シルクロードの国々やトルコの子どもたちを対象に、「三つだけ願いが叶うとしたら、どんなお願いをしますか？」というインタビュー調査を行ったそうだ。

ある中学二年生の男の子はこう答えた。「①お父さん、お母さんがいつまでも健康で長生きすること　②自分も健康であること　③今の勉強がずっと続けられること」

別の十四歳の女の子はこう答えた。「①お父さん、お母さんは苦労しながら私をここまで育ててくれました。早く大人になって日々の生活を心配しないで暮らしていけるよう楽をさせてあげたい　②お母さんのために一つでもいいから電化製品を買ってあげたい　③小学校の先生になって子どもたちのためにいい教育をしてやりたい」〔※8〕

こうした子どもは特別ではなく、どの子の答えにも必ず「母さん」が入っている。

では、日本はどうかと気になって、福岡県北九州市のある小学校でアンケート調査を行ってみた。その回答の上位は、「お金」「テレビゲーム」「ゲームのソフト」「眠りたい」「何もいらない」。誰一人として「母さん」という回答が出てこなかったそうだ。

社会心理学者の中里至正先生は、日本、中国、韓国、トルコ、アメリカ、ポーランド、キプロスの世界七カ国の中高生約六千人を対象に、青少年の非行的態度等について、アンケート調査を実施した。

その調査項目の一つは「お母さんを尊敬しているか。お母さんのようになりたいか」。「はい」と回答した割合は、アメリカ九四・五%、中国九七・九%、韓国七〇・五%、トルコ九七・〇%、キプロス九七・〇%、ポーランド九七・三%であった。日本は、わずか、四八・五%であった〔※6〕〔※7〕。

横山先生はこう分析する。

「日本のお母さんは本当に優しい。着るもの、食べるもの、おもちゃ、お小遣いも十分に与える。レストランにも行くし、遊園地にも連れて行く。当然、子どもは嬉しくて喜びます。しかし、それが繰り返されると、『母さんの優しさがそれをしてくれている』のではなくて、子どもの中で、『お金がそれをしてくれている』に置き換えられる」

そして、欲しいものを何でも与えてもらう子どもは、感謝の気持ち、それを手に入れようとする意欲、それを手に入れたときの感動を無くしていくという。生きることそのものへの迫力も失ってしまうという。

ルソーの『エミール』。教育を志す人なら、誰もが読む本だ。その中の一節である。

「あなたは、あなたの子どもをダメにする最も確実な方法をご存じだろうか。

それは欲しがるものをなんでも与えてあげることです。子どもは確実にダメになってくれることでしょう」。〔※5〕

そういえば、小さい頃、母親からよく「ガマン」と言われていた。今考えれば、そのとき欲しかったものは、数十円、数百円程度のものだから、家計が苦しくて我慢させられていたのではないだろう。教育だったのだ。

子どもにとって我慢すべきときに我慢できる力は重要である。子どもの健全な発達と心豊な生活を可能にする最も重要な心の能力の一つなのである。

最後に、横山先生が指摘する子育ての具体的な問題点を挙げておこう〔※9〕。

①子どもの要求を安易に受容する。
②子どもが当然自分ですべきことまで手を出し、世話をする。
③子どもに物を豊富に与える。
④子どもの心が傷つかないよう過剰に挫折や困難な体験を排除する。
⑤良い事悪い事をきちんと教えない。
⑥ほめるべきことをほめない。

⑦手伝いをさせない。
⑧子どもの行動を親自身の願いにそってプログラムしたり必要以上に干渉したりする。
⑨養育行動に一貫性がない。

子どもの食の現実

内田先生は講演の中で、子どもたちの成長に「家族で囲む食卓」が欠かせないことについて説いている。

子どもの食の現実を、統計的に把握しようとすれば、「児童生徒の食生活等実態調査」や「国民栄養調査」などがある。しかし、子どもたちの食生活の実態が子ども自身の手で絵としても描かれている点、社会的インパクト、一九八二年の同様の調査と比較できる点、調査結果の入手しやすさの点で言えば、『知っていますか子どもたちの食卓―食生活からからだと心がみえる』〔※3〕が興味深い。

この調査は、十八の小学校に通う小学五・六年生ほぼ二千人を対象とした。学校別、クラス別の調査となるため、学校ごとや担任の先生ごとに差が出ないように工夫し、調査実施上の注意事項を作成、配布した上で、一九九九年二月中旬から四月上旬の平日の一日を選んで調査が実施された。

朝食について。

「朝食を毎日食べますか?」の問いに対して、「毎日食べる」と回答した生徒は七七・六%で、約四分の一は、ときどき食べない、いつも食べていない。

「朝食を誰と一緒に食べましたか?」の問いに対して、「家族全員」と回答した生徒は、わずか一二・六%であった。一九八二年の調査では、「家族全員」と回答した生徒は二二・四%であったから、この十七年で半減していることになる。同様に「ひとり」と回答した生徒は、一九八二年調査では一七・八%、一九九九年調査では二六・四%と急増している。

「朝食は楽しかったですか? つまらなかったですか?」の問いに対しては、半数以上が「つまらなかった」「どちらでもない」と回答している。「つまらなかった」と回答した生徒は、一九八二年調査では七・二％、一九九九年調査では二六・八％と急増している。

夕食について。

「夕食を誰と一緒に食べましたか？」の問いに対して、「家族全員」と回答した生徒は、三三・四％であった。

「夕食を家族そろって食べるのは、週に何回ですか？」の問いに対して「ゼロ回」と回答した生徒は九・三％、「一―二回」と回答した生徒は三〇・四％にも上った。

この調査では、子どもたちが誰と食べているときが一番楽しいと思っているのか、その理由も併せて紹介されている。

信じられないのは「ひとりで食べたい」と回答している子どもが多いことだ。

「ひとりで食べたい」

・みたいテレビを見れないときがある。

・みんなテレビに夢中だから。
・家族と食べても会話をあまりしないから。
・いつも朝食はほとんどひとりだから慣れてしまった。
・家族と朝食を食べてもどうせしゃべらないから。
・朝はみんな（僕以外）きげんが悪いので、ひとりがいい。
・夜は疲れていて誰とも接したくない。

その理由を読んでいくと、複雑な気分になる。胸が痛くなるほどの声もある。
一方で、当然、「家族全員で食べたい」という声もある。

「家族全員で食べたい」

・今日学校であったことをお母さんやお父さんに話すのが楽しい。
・みんなで食べれば嫌いな物もおいしく食べられるから。
・みんなと食べないと心細いから。話したいから。おいしいから。

・人が多いほどご飯がおいしいから。
・ひとり抜けるとつまらないから。
・話がはずむし、朝だから「今日も頑張ろう」と張り切れるから。その日の出来事などを話したり、みんなで食べた方がおいしいし、「お疲れさま」という感じがあっていいから。

子どもは、家族みんなで食事することが楽しいこと、おいしいこと、食事とはご飯を食べることだけではなく、話をする場であるということを知っている。そして子どもたちはそれを求めている。

・一日に一回くらいは、家族と食べてもいいと思ったからです。
・めったにないから。
・土日しか一緒に食べられないから家族全員で食べたい。
・家族全員で朝食を食べたことがないから。

・めったに家族全員で食べることがないから。

内田先生の話が思い出される。「食べて、寝て、遊んで、愛されること」は、子どもたちが生きるための権利である。子どもは、自らこの権利を放棄しない。奪うのは大人である。

弁当の日＋大学生の可能性

「大学生の弁当の日」が広がり始めた。

二〇〇七年四月二十一日に実施された「大学生による大学生のための食育ワークショップ―花よりお弁当の日」。

九州各地の十の大学から八十人の大学生が集まった。参加の条件は、一人一品のおかず＋自分用のご飯を作ってくること。つまり、一品持ち寄り形式のお弁当の日である。

実はこれはものすごいことなのである。仕事柄、大学生を対象としたイベントを企画・運営する機会は多い。それゆえ、土日祝に八十人もの大学生を集めることが本当に難しいことを知っている。「一人一品のおかず＋自分用のご飯を作ってくること」というような条件付きであれば、そのハードルはうんと高まる。だから、会場がお弁当を持参した八十人の学生で埋まったときは、本当に感激した。学生のモチベーションの高さにである。九州に、そうした問題意識を持った学生が、こんなにいることにである。


午前中は、お弁当を一緒に食べるグループごとに、自己紹介やゲームを行い関係性づくり。初めて出会った人と、いきなり一品持ち寄りでお弁当をつつき合うなんてとても恥ずかしい。だから、こうしたアイスブレイク（心の氷を溶かす）の時間が必要なのだ。

しかし、実際にやってみて分かったのは、アイスブレイクをちゃんと行って、お弁当をつつき合えば、大学生同士、初対面でもすごく仲よくなれる。それは、アンケートの結果からも表れている。

「はじめは知らない人ばかりでめちゃイヤ〜と思っていたけど、だんだん喋れて楽しく過ごせました。お話も聞きやすく、すごく勉強になりました。来れてよかったです。私の班は五人で違う大学だったので、いろんな話も聞けました」（十九歳、西南女学院大学短期学部女子学生）

「はじめはすごく不安でした。知らない初対面の人々とお弁当を食べるなんて初めてに近かったです。すごく楽しくて、たくさん笑いました。多くのことも学べて、とても勉強になったと思います。そして今日は一日を過ごして、とても視野が広がったと思います。今日学んだこと話したこと、これからいろんな人に伝えて生かしていきたいです」（十九歳、西南女学院大学短期学部女子学生）

今回のお弁当の日にもテーマを設けた。テーマは「脱・こどもの日」。昼食の時間には、まず、各自、テーマに沿ってどんなお弁当を作ってきたかを紹介して、八十人全員で「いただきます」。

ちなみに、私は、チンジャオロース（青椒肉絲）を作っていった。子どもから大人への変化と言えば、幼児体型から大人の体型へと細くなること。だから、糸が名の付く料理を選んだ。というのは単なるこじつけで、家にあった食材でチンジャオロースを作り、後付けで理由を考えた。しかし、こうしてもっともらしい理由を後付けで考え、皆の前で紹介する瞬間が楽しい。

講師である内田先生も一品を作ってきてくれた。

内田先生。前日は、大分県竹田市で講演。講演を準備していると病院からメールが入り、「七人が同時進行している。早く帰ってきて」ということで、講演終了後、行橋市に急行。あとから気がつけば、十九日が大潮だったそうで、二十日は朝から八人の出産があったという。行橋市に戻って、それから四人取り上げて、一段落ついたのが、二十一日の朝四時。

ワークショップ前日の二十日夜、「ごはんも一品も、私が作っていくので」とメールを送っていた。すると、「私も一品考えていて、でもそれはなぜか主食なのです。おかずではないのです。今作り始めました。ぜひおかずを分けてください」と、二十一日朝の四時にメールが入る。

こんな時間に、メールをやりとりしているのもおかしな話だが、私は、興奮して、朝の三時に目が覚めてしまったのだ。

そうして内田先生も一品を作ってきてくれた。

「私、どうしてもこれしか思いつかなかった」と言って、みんなの前に披露したのは、重箱の「赤飯」であった。

感嘆の声が上がる。

男性の私には絶対に思いつかない。

女性として、母として、思春期の女の子を見守る先生として、その愛、優しさ、思いがすべて凝縮された赤飯。多くの女子学生に食べてもらいたいと思い、グループをはしごして、赤飯を勧める。

内田先生も、私の後をついてきて「昔、作ってもらったでしょ。あなたたちも子どもができたら作ってあげてね」と語りかける。

お弁当の日は、こうしたものも伝え、分かち合われていく。


午後からは、内田先生の講演を聴き、その上で、参加者によるグループディスカッションを行った。

学生の熱意と純粋さと未来が満ちあふれた、素晴らしい時間となった。それは、ワークショップ実施後に行ったアンケート結果からも明らかである。「『お弁当の日（昼食）』は面白かったですか」の問いに対して、参加者の回答の平均は五点満点で四・九二であった。「内田先生の講演は面白かったですか」の問いに対しては、四・九五であった。「今日のワークショップは百点満点で何点ですか」の問いに対しては、九三・七であった。

これまで多くのイベント、ワークショップをやってきたが、これほど高い評価を得た経験はない。しかも、「昼食のお弁当のおかずをもっときちんと考えてくればよかったと思います。これで、マイナス五点。今日のワークショップで心が入れ替わりました」など、マイナス点は、参加者自身に向けられたものが多い。そして、このアンケートの工夫は「大切な○○さんへ伝えたい今日学んだこと」という自由記述欄を設けたことだ。

驚いたことの一つは、ほぼすべての学生は「○○さんへ」と手紙形式でメッセージが始まる。確実に誰かに向けて書いている。一方、年配の参加者は、「人はそこにいるだけで価値がある」など、講演やディスカッションで印象に残ったことのメモにとどまっている場合が多い。学生のピュアさ、イメージ力、感性のすごさを感じる。

そして、私はこの設問を考えたとき、大切な友達に向けたメッセージが多いだろうと予想していた。このワークショップに参加しなかった、できなかった友達に向け、「こんなことを学んだ」「食は大切よ〜」なんてメッセージだ。実際は違った。

「お母さんへ。子どもは親が育ててくれたように、子どもを育てることが多いと思うけど、親のようになりたいと思えるのは、幸せなことなんだと思いました」（十九歳、九州大学女子学生）

「大切なお母さん、お父さんに伝えたい今日学んだこと。愛情いっぱいに育ててくれたんだなとあらためて感じました。今日、参加したことで、食の大切さを強く感じました。今度、家に帰ったら、私が料理して、お父さんにはお弁当を作ります」（二十歳、福岡教育大学女子学生）

「大切な母に伝えたい。私は本当に幸せな育てられ方をしたんだなぁと先生の話を聞いて感じた。愛されて育ち、しっかりと手をかけてもらい、暮らしの時間もしっかりあったから、今こうして教師を目指す自分がいる。私のように幸せな育ちができる子どもたちが将来増えるように教師としての役割を増やしていきたい。そしてお母さんのような母になりたい」（十九歳、福岡教育大学女子学生）

「今日は、お父さんとお母さんにありがとうと伝えたいです。なかなか言葉にできないので、（誕生日なので生んでくれてありがとうと）手紙でも書こうと思います。今日は、三校プラス社会人の方と交流できたし、すごくいい刺激を受けました」（二十二歳、福岡教育大学女子学生）

母、父に、と答えた学生が本当に多かった。

お弁当を食べる姿、内田先生の講演に涙する姿、真剣に話し合う姿。みんな優しくて、本当にキラキラしていた。

この日、彼らの人生は確実に変わったのではないかと思う。

親に感謝すること。親に感謝できること。それは大人になるための第一歩であり、人生をハッピーに生きる根源があるように思う。そしてそのまなざし、気持ち、考え方は、確実に彼、彼女らの子どもたちにも受け継がれていくだろう。

学生にこうした「親への感謝」のきっかけを与えたのは、間違いなく内田先生の講演である。本書で紹介したような、人がどのように生まれてくるか、そしてここにいることの幸せ、親がどれほどの愛を持って子育てをするか、が語られた。

それだけではない。内田先生の今回の講演テーマは「いつか親になる大学生の皆さんへ──親になる前に素敵な恋愛をしよう」。

予期しない妊娠、中絶、性感染症、DV、デートレイプ、これらのすべては、幸せなはずの、親密な二人に起こることである。親密でない二人にはこうしたことは起こりえない。

どんな大人になりたいか、どんな男性になりたいか、どんな女性になりたいか。そしてどんな恋愛をしたいのか。

子どもが幸せになるには、親が幸せでなければならない。親が幸せになるには、素敵な恋愛をしなければならない。泣くような、ドロドロした恋愛をしていて、その二人が幸せな親になれるはずがない。その子どもが幸せになれるはずがない。

内田先生は、最後に学生にこんなメッセージを贈ってくれた。

誰かが喜んで食べてくれる幸せ
誰かが褒めてくれる嬉しさ
皆で食べる楽しさ
食べれば元気になる
そんな幸せを味わったあなたたちは
きっときっと幸せになります

これまで食べさせてもらった食事
これまでにかけられた言葉
これまでに愛された数
思い出すことができれば

素敵な大人になることができます

素敵な大人になりなさい
かっこいい男になりなさい
いい女になりなさい
素敵な恋をしなさい
あなたたちが愛してもらったように
大切な人を愛して愛して
そして
素敵な大人になりなさい

おわりに

性教育って何でしょう。

性教育、そのもととなる性には理屈やきれいごとでは片付けられないことがあります。例えば「薬物は、誰でも、いくつになっても絶対だめ」と言えます。でも、「セックスは絶対だめ」ではないのです。リスクを抱えながら、どう行動するかです。それが性教育の難しいところです。

では、あらためて性教育って何でしょう。何のために性教育ってするのでしょうか。

子どもたちが性のトラブルに遭わないために。正しい知識を持って正しい性行動をとることができるために。自分の身体のこと、相手の身体のことを知ってお互いを大切にすることができるために。命を大切にできるために。

子どもたちに幸せになってほしいと思えば、そう願わない大人はいないはずです。私は子どもたちの幸せのために、子どもたちに語りかけています。しかし、どんな言葉も、どんな性教育も、子どもにそれを聞く耳と心がなければ、すべては意味をなしません。感動的な話も、悲しい話も、うれしい出来事も、子どもたちの琴線に触れなければ、何の意味もなしません。子どもたちは生まれ落ちて、日々を必死に生きていく中で、家庭や学校や地域や社会でたくさんの言葉をかけられ、たくさんの大人に触れ、成長します。

お前の命が大事なんだよ。
お前がそこにいることがすごいんだよ。
君のことを気にしてんだよ。
君のことが心配なんだ。
誰でもなく、あんたなんよ。

その時々で、こう言われ続け、言葉ではない大人のまなざしやしぐさも、お煮しめのように子どもたちの心に沁みこみます。日々の暮らしの中でそのメッセージを受け取り、愛されていることを実感します。そんな子どもたちは、普通に泣くことができるし、笑うこともできる。映画を見て、音楽を聴いて、泣き、笑います。

私たち大人の言葉が聞こえる子どもを育てなければなりません。そこからすべてが始まります。そこからしか始まらないと思います。


筆を措くにあたり、この本を出版するまでの間、力を貸してくださったみなさんに心からの感謝を申し上げます。

私の人生が一気に広がったのは、西日本新聞社編集委員の佐藤弘さんとの出会いからでした。同紙で長期連載中の「食卓の向こう側」に関連するシンポジウムや四国から全国に広がりつつある「弁当の日」への参加、食と農の現状を知り、「半歩先」の行動を実践する仲間に加われたこと…。今まで出会う機会もなかった人たちに出会い、行ったことのない土地に出かける機会をいただき、心に残る経験もできました。

また、子どもの本の専門店「ひまわり書店」(福岡県みやこ町豊津)が毎月発行する機関紙「ひまわりばたけ」には、七年間もの間、「私の生教育パートⅡ」を書かせていただいています。本書の完成も、この原稿を残していたことが大きな力になりました。同書店店主、前田賤さんの懐の深さに感謝しています。

森崇先生（北九州津屋崎病院副院長・九州思春期研究会会長）と松浦賢長先生（福岡県立大学看護学部教授）にも多くの的確な助言をいただきました。「思春期の問題は乳児期が礎」という森先生の言葉を念頭に置くことで、私の活動は形を保つことができています。松浦先生の「性教育学者」としての理論は、今までの性教育の理論と違い、とても新鮮で今後の方向を示してくださいました。私の仕事、講演活動などを指し、「福岡の宝」と言っていただいたことは、私にとっての「宝」になりました。

そして、この本の構成を練り、執筆も手がけてくださいました九州大学教員の佐藤剛史先生へ。私が、佐藤先生を知ったのは、「食卓の向こう側」食育セミナーのウェブ掲示板でした。学生と楽しそうに「弁当の日」を企画し、実践しておられる。人をひきつける不思議な力を持っておられる。学生の心をつかんでいらっしゃる。掲示板で読み取れる佐藤先生の姿を思い描きながら、日増しに、お会いしたい気持ちが高まりました。ようやくお会いできたのは、平成十九年二月十七日、高松市から「弁当の日」発案者の竹下和男先生らが福岡県宮若市に来られた際の歓迎懇親会の会場（脇田温泉・湯原荘）でした。

その後、数通のメールをやり取りし、佐藤先生は私の講演を聞きに来てくださいました。しばらくして、「内田先生の本を出版しましょう。私がまとめます。インタビューもします。資料も下さい」とのメールを受信。「そんな奇特な人がこの世にいるの？」「信じられない」などと考えながらも、「頼んでもいいのですか」という簡単な返信メールで済ませ、お願いすることになりました。今思えば、どう考えてもこんな虫のいい話を受けてよかったはずはありません。では、なぜ辞退しなかったのだろうと考えると、それは先生が書かれる文章に魅せられたからです。「たくさんの方に知ってもらいましょう」と一生懸命に言ってくださる姿勢に「すべてを委ねてみよう」と決心したのだと思い至りました。

本の完成間近に夫が一言。「あんた一人だときっとヒステリックな本になるのよ。佐藤先生の学者としての冷静で客観的な観点から見たまとめと的確なエビデンスと先生の優しい言葉が功を奏していい本になったやない」。その通りです。どんな謝辞、お礼をもってしても尽くせるものではありません。七色の糸で結ばれていたのでしょう。生涯忘れることのできない人に出会いました。

最後になりましたが、本書の編集・製作に携わってくださった西日本新聞社出版部次長の安武信吾さん、アートディレクターの中村ちひろさん、写真家の広田敦子さんに、この場をお借りしてお礼を申し上げます。

二〇〇七年十月　　内田美智子

〈参考文献〉

朝ごはん実行委員会ホームページ　http://www.asagumi.jp/asagohan/　二〇〇七年五月四日現在

木原雅子『十代の性行動と日本社会―そしてＷＹＳＨ教育の視点』（ミネルヴァ書房）二〇〇六年〔※1〕

田川市生涯学習課ホームページ　http://www.joho.tagawa.fukuoka.jp/syougai/　二〇〇七年五月四日現在〔※2〕

竹下和男・香川県綾南町立滝宮小学校『〝弁当の日〟がやってきた―子ども・親・地域が育つ香川・滝宮小の「食育」実践記』（自然食通信社）二〇〇三年

竹下和男・香川県高松市立国分寺中学校著『台所に立つ子どもたち―〝弁当の日〟からはじまる「くらしの時間」　香川・国分寺中学校の食育』（自然食通信社）二〇〇六年

西日本新聞社「食　くらし」取材班『食卓の向こう側1―こんな日常どう思いますか』（西日本新聞社）二〇〇四年

西日本新聞社「食　くらし」取材班『食卓の向こう側5―脳、そして心』（西日本新聞社）二〇〇五年

西日本新聞社「食　くらし」取材班『食卓の向こう側8―食育　その力』（西日本新聞社）二〇〇六年

西日本新聞社「食　くらし」取材班『食卓の向こう側―キャンパス編』（西日本新聞社）二〇〇六年

ニュースレター「ひまわりばたけ」瓢鰻亭・ひまわりこども

足立己幸・ＮＨＫ「こどもたちの食卓」プロジェクト『知っていますか子どもたちの食卓―食生活からからだと心がみえる』（ＮＨＫ出版）二〇〇〇年〔※3〕

栗原貞子著・吉田欣一編『日本現代詩文庫17―栗原貞子詩集』（土曜美術社出版販売）一九八四年

山本文子『命の応援団Ⅱ』（晩聲社）二〇〇四年〔※4〕

門倉貴史『世界の下半身経済が儲かる理由―セックス産業から見える世界経済のカラクリ』（アスペクト）二〇〇七年

山田昌弘『パラサイト・シングルの時代』（筑摩書房）一九九九年

日本青少年研究所ホームページ　http://www1.odn.ne.jp/youth-study/
朝日新聞記事　二〇〇七年四月二十六日
ＴＯＳＳランドホームページ　http://www.tos-land.net/
ルソー著・今野一雄訳『エミール』（岩波書店）一九六二年〔※5〕
中里至正「非行と親子関係」『財団法人日本教材文化研究財団研究紀要第三〇号』二〇〇一年〔※6〕
福岡県教育委員会『平成十七年度性教育の実践調査研究事業報告書―小集団指導を取り入れた生教育実践事例集』二〇〇六年〔※7〕
松浦賢長「思春期の学校保健」『小児科診療』第六八巻六号（診断と治療社）二〇〇五年　pp1107-1113
横山正幸・横山あづま『学校大好き―笑顔輝くトルコの子ども達』（清流出版）二〇〇三年〔※8〕
横山正幸「『がまん』のできる子を育てるコツ!!」『子どもにガマンさせすぎ?　甘やかしすぎ?』別冊ＰＨＰ二〇〇七年三月増刊号　pp24-29〔※9〕

著者紹介

内田美智子（うちだ・みちこ）
助産師
1957年、大分県竹田市生まれ。
国立小倉病院附属看護助産学校助産師科卒。
1988年から内田産婦人科医院に勤務。夫は同医院院長。
同院内で子育て支援の幼児クラブ「U遊キッズ」を主催。
「生」「性」「いのち」「食」をテーマに全国で講演活動を展開。
思春期保健相談士として思春期の子どもたちの悩みなどを聞く。
九州思春期研究会事務局長、福岡県子育てアドバイザー、福岡県社会教育委員。

佐藤剛史（さとう・ごうし）
九州大学農学部助教
1973年、大分県大分市生まれ。九州大学大学院博士課程修了。
2003年から九州大学農学部助手。専門は農業環境経済学。
食、農業、環境に関する講演やワークショップを幅広く展開。
特定非営利活動法人環境創造舎を主宰。
他の著書に『農業聖典』（コモンズ、共著）
『市民参加のまちづくり—事例編—』（創成社、共著）など。

装幀　中村ちひろ
写真　広田敦子
装画　安武はな

編集　安武信吾

ここ　食卓から始まる生教育

二〇〇七年十月二十日　第一刷発行
二〇二〇年三月十六日　第十五刷発行

著者　内田美智子
佐藤剛史

発行者　柴田建哉

発行　西日本新聞社
〒八一〇-八七一一　福岡市中央区天神一-四-一
電話　ビジネス編集部〇九二-七一一-五五二三

印刷・製本　シナノパブリッシングプレス

定価はカバーに表示してあります。

ISBN978-4-8167-0736-0 C0036